# REISE
## nach COSTA RICA

Im Tieflandregenwald des Braulio-Carrillo-Nationalparks wachsen unterschiedlichste Grünpflanzen.

# ZU DIESEM BUCH

Costa Rica hat in den letzten Jahrzehnten massiv in den Tourismus investiert und ist zu einem der beliebtesten Reiseziele von ganz Mittelamerika geworden. Dabei setzt es verstärkt auf ökologischen Tourismus und hat deshalb große Teile des Landes unter Naturschutz gestellt. Im Jahr 1969 wurde der erste Nationalpark gegründet, mittlerweile gibt es über 25. Insgesamt ist mehr als ein Drittel der Landesfläche als Schutzgebiet ausgewiesen. Den ersten Nationalpark passiert man direkt an der Panamericana kurz nach dem Grenzübertritt von Nicaragua kommend.

Nicht umsonst nennt man das Land den »Garten Eden von Mittelamerika«. Costa Rica besitzt eine überaus »reiche Küste« mit wunderschönen Stränden und reichhaltigen Angeboten für Outdoor-Liebhaber. Doch nicht nur Naturfreunde, auch Kulturinteressierte kommen auf ihre Kosten: Jahrhundertealte Kulturen hinterließen Spuren, die bis heute von einer bewegten Geschichte erzählen. Und Genießer staunen über die Schätze, die die Küche Costa Ricas bereithält. Eine Reise nach Costa Rica ist tatsächlich wie eine Reise nach Eden ...

**Einen Streifenschwanzkolibri (Eupherusa eximia) dabei beobachten, wie er im Nebelwald den Nektar einer Gelben Jakobinie saugt – das und noch viel mehr verspricht ein Aufenthalt im Naturparadies Costa Rica.**

Inhaltsverzeichnis

| | | | | | |
|---|---|---|---|---|---|
| ZU DIESEM BUCH | 5 | *Abstecher: Cavernas del Venado* | 39 | Puntarenas | 70 |
| | | Cordillera de Tilarán | 40 | Quepos | 71 |
| **NORDWESTEN, NÖRDLICHES** | | Reserva Indígena Maleku | 41 | Parque Nacional Manuel Antonio | 72 |
| **HOCHLAND & NICOYA-HALBINSEL** | 8 | Parque Nacional Volcán Tenorio | 42 | *Traditionelle Gerichte* | 74 |
| Parque Nacional Santa Rosa | 10 | Parque Nacional Palo Verde | 45 | *Gaumenfreuden* | 75 |
| *Traumstrände* | 12 | Reserva Biológica Bosque Nuboso | | Dominical | 76 |
| *Strand-Tipps* | 13 | Monteverde | 46 | *Abstecher: Nauyaca-Wasserfall* | 77 |
| Upala | 16 | *Monteverde Butterfly Gardens* | 47 | Parque Nacional los Quetzales | 79 |
| Refugio Nacional de Vida Silvestre | | *Monteverde Orchid Garden* | 47 | Parque Nacional Marino Ballena | 80 |
| Caño Negro | 17 | Canopy & Sky Walks | 50 | *Ausflüge aufs Meer* | 81 |
| *Faultiere* | 18 | Aktiv im Dschungel | 51 | *Fiesta de los Diablitos* | 82 |
| Parque Nacional Guanacaste | 20 | Refugio Nacional de Vida Silvestre | | Palmar Sur | 84 |
| Parque Nacional Rincón de la Vieja | 22 | Ostional | 53 | Península de Osa | 85 |
| *Unternehmungen im Nationalpark* | 23 | Península de Nicoya | 54 | Bahía Drake | 85 |
| *Vulkane des Nordens* | 26 | Tamarindo | 56 | Parque Nacional Corcovado | 90 |
| *Vulkanwanderungen* | 27 | Parque Nacional Barra Honda | 57 | Reserva Biológica Isla del Caño | 92 |
| Parque Nacional Arenal | 28 | *Die besten Surfspots* | 60 | Golfo Dulce | 94 |
| Volcán Arenal | 30 | *Surfen* | 61 | *Kayaking* | 95 |
| Laguna de Arenal | 31 | Refugio de Fauna Silvestre Curú | 63 | Parque Nacional Piedras Blancas | 96 |
| *Dschungel-Wandern* | 32 | Reserva Nacional Absoluta Cabo Blanco | 64 | San Vito | 98 |
| *Besondere Wanderungen* | 33 | | | Las Cruces Biological Station | |
| Tabacón Hot Springs | 34 | | | & Wilson Botanical Garden | 99 |
| *Wellness im Dschungel* | 35 | **PAZIFIKKÜSTE & SÜDEN** | 66 | *Die besten Tauch- und Schnorchelspots* | 100 |
| *Frösche* | 36 | Parque Nacional Carara | 68 | *Tauchen* | 101 |
| La-Fortuna-Wasserfall | 38 | *Reptilien im Río Tarcoles* | 69 | Isla del Coco | 102 |

## Inhaltsverzeichnis

| | | | | | |
|---|---|---|---|---|---|
| **ZENTRUM & SÜDLICHES HOCHLAND** | 104 | Cartago | 142 | Kakao | 172 |
| Naranjo de Alajuela | 106 | *Jardín Botánico Lankester* | 143 | *Kakao-Pfade* | 173 |
| Grecia | 106 | *Nuestra Señora de los Ángeles* | 144 | Parque Nacional Cahuíta | 174 |
| Alajuela | 106 | Kaffee | 147 | Refugio Nacional Gandoca-Manzanillo | 176 |
| Sarchí | 107 | *Kaffeplantagen* | 147 | Puerto Viejo de Talamanca | 178 |
| *Bunte Ochsenkarren* | 108 | Parque Nacional Tapantí | 149 | *Nightlife an der Karibikküste* | 179 |
| *Flora* | 111 | Río Pacuare | 150 | | |
| *Fauna* | 112 | *Pacuare Lodge* | 151 | **ÜBERSICHTSKARTEN** | 180 |
| *Spirogyra Butterfly Garden* | 113 | *Rafting & Kayaking* | 152 | | |
| San José | 114 | *Die besten Fluss-Abenteuer* | 153 | | |
| Teatro Nacional | 115 | Cerro Chirripó | 154 | | |
| Mercado Central | 119 | Cordillera de Talamanca | 156 | Register | 190 |
| Catedral Metropolitana | 121 | Parque Nacional La Amistad | 158 | Bildnachweis/Impressum | 192 |
| *Die besten Museen* | 122 | | | | |
| Parque Nacional Braulio Carillo | 124 | | | | |
| *Eco Lodges* | 126 | **KARIBIKKÜSTE** | 160 | | |
| *Die schönsten Lodges* | 127 | Parque Nacional Tortuguero | 163 | | |
| Zarcero | 128 | *Ausflüge mit Tierbeobachtungen* | 163 | | |
| Catarata de la Paz | 130 | *Schildkröten* | 166 | | |
| Parque Nacional Volcán Poás | 133 | Playa Cahuíta | 168 | | |
| Parque Nacional Juan Castro Blanco | 134 | Playa Punta Uva | 169 | | |
| *Abstecher: Toro-Wasserfall* | 135 | *Karibikstrände* | 169 | | |
| Parque Nacional Volcán Irazú | 138 | Puerto Limón | 170 | | |
| *Volcán Turrialba* | 139 | *Veragua Rainforest Park* | 171 | | |
| Monumento Nacional Guayabo | 140 | | | | |

# NORDWESTEN, NÖRDLICHES HOCHLAND & NICOYA-HALBINSEL

Sein gebogener Schnabel sieht aus wie ein expressionistisches Gemälde: Mutig sind Grüntöne neben Gelb, Orange und Rot gesetzt. Der Tukan gehört zu den exotischsten Wesen des Regenwaldes in Costa Rica, bleibt aber nicht der einzige Vertreter, der sich hier in Primärfarben kleidet: Kleine Frösche, aus deren Hautgift die Einheimischen einst Pfeilgift hergestellt haben, sind ebenfalls in diesen auffälligen Tönen geschmückt. Wer in den Norden Costa Ricas reist, findet unberührte Naturparadiese vor: Nebelwälder mit Jaguaren, Flüsse mit Kaimanen oder Tropengärten mit blauen Schmetterlingen – die Natur scheint hier einmal mehr in die Farbpalette gegriffen zu haben als in anderen Ländern. Vulkane bringen nachts faszinierende orangerote Lavaströme hervor oder heizen heiße Quellen an, die an ihren Hängen aus der Erde blubbern. Manchmal enthalten diese viel Schwefel, der, wenn er sich mit dem Flusswasser mischt, für einen unwirklichen Türkiston sorgt. Auch Vogelfreunde kommen auf ihre Kosten: Am Arenal-See oder im Nationalpark Palo Verde lassen sich hervorragend Reiher, Löffler und Greifvögel beobachten. Wer eher Action sucht, ist in dieser Landschaft ebenfalls richtig, denn auf den Hängebrücken lassen sich einige Ausflugspakete schnüren, die wirklich einzigartige Spannung versprechen. Am Schluss landen die Touristen am Strand und genießen das rauschende Meer.

**In Nationalpark Guanacaste leben die Hellroten Aras.**

Nordwesten, Nördliches Hochland & Nicoya-Halbinsel

# PARQUE NACIONAL SANTA ROSA

Es ist, als würde sich der Strand bewegen: Überall wuselt es, graue runde Flächen, die auf den ersten Blick aussehen mögen wie Steine, ziehen zwar langsam, aber sehr zielstrebig ins Landesinnere. Jedes Jahr zum Neumond im Spätsommer kommen die Meeresschildkröten zur Eiablage an die Playa Nancite im Nationalpark Santa Rosa. Wer das Spektakel beobachten möchte, braucht eine Genehmigung von der Verwaltung des Nationalparks. Während die Schildkröten nur zur Eiablage an Land kommen, haben Jaguar, Klammeraffe oder Gürteltier dort ihren Lebensmittelpunkt gefunden und zeigen sich mitunter auch geduldigen Besuchern. Manche Gäste des Nationalparks aber haben für die Fauna kein Auge, eher für die Wellen, denn die Playa Naranjo zählt in dieser Gegend zu den beliebtesten Treffpunkten für Wellenreiter.

**Bildleiste links: Gemeiner Schwarzleguan, Spitzkrokodil, Mittelamerikanischer Tapir, Raupe eines Automeris metzli. Oben: Playa Nancite; rechts: Mantelbrüllaffen.**

Nordwesten, Nördliches Hochland & Nicoya-Halbinsel

# TRAUM-STRÄNDE

Es ist ein besonderes Knirschen, das sich einem ins Ohr legt und dort als unvergessliche Musik bleibt, akustische Erinnerungen, die sich unverwechselbar mit Costa Rica verknüpfen: Die Playa Conchal ist ein einzigartiger Strand, denn anstatt Sand oder kleinen Steinchen knirschen dort Muschel- und Schneckenschalen unter den Füßen – eben jene »conchas« (Spanisch für Muscheln), die dem Strand den Namen gaben. In Millionen von Jahren werden sie von Wind und Wellen wohl auch zu feinem weißen Pulver geschmirgelt sein. Bis dahin aber genießt der Urlauber diesen einzigartigen Platz. Türkisblaues Wasser fängt die Sonnenstrahlen ein, und wer nicht in den abgeschliffenen Muschelschalen nach Formen sucht, setzt die Taucherbrille auf und geht eine Runde schnorcheln. Playa Conchal ist einer der wohl schönsten Strände im Golf von Papagayo vor der Halbinsel Nicoya, aber bei Weitem nicht der einzige Traumstrand dort. Warme Strömungen und günstige Brandung gefallen nicht nur den Menschen, sondern auch den Meeresschildkröten auf Nicoya.

Während die Karibikküste des Landes eher tropisch-feucht, aber auch wild und natürlich ist, wird es auf der pazifischen Seite trockener, die Strände werden länger und sind besser touristisch erschlossen. Zu den bekanntesten Strand-Hotspots zählt die mittlere Pazifikküste. Vorgelagerte Inseln, Flussmündungen und Sandstrände – wer sich die Pazifikküste anschaut, der entdeckt eine Traumlandschaft. Während die Küsten ganz im Norden und im Nordwesten touristisch eher zu vernachlässigen sind, verbergen sich im Golf von Papagayo postkartenschöne Traumstrände. Etwa die Playa Naranjo mit ihren weißen Zuckersandstränden, die sich schmal, aber dafür lang über die ganze Bucht erstrecken. Surfer finden hier dank des starken Wellengangs ein Dorado vor. Playa Naranjo gilt als abgeschiedenes Naturjuwel der Gegend. Wer es trubeliger haben möchte, wählt die Playa del Coco oder die Playa Pan de Azúcar. Geschützter wird es dagegen im Nationalpark Manuel Antonio: Der gleichnamige Strand gehört zu den beliebtesten des Parks, vielleicht auch, weil er so verborgen liegt. Dies gilt auch für Playa Carrillo, die auch als einer der schönsten Plätze für Sonnenuntergänge gilt. Ganz in der Nähe liegt Playa Sámara, ebenfalls zu den Strandparadiesen Costa Ricas zählend. Mit seinen Restaurants, Bars und guten Verkehrsverbindungen nach Liberia weist der Strand auch eine gut ausgebaute Infrastruktur auf. Von dort aus bieten sich zudem auch Ausflüge in das Werner Sauter Biological Reserve an; es liegt verträumt in den Bergen.

**So stellt man sich wohl das Paradies auf Erden vor: türkisblaues Wasser und weiße Sandstrände, die man zu Fuß und zu Pferde (Bildleiste, Mitte: Playa Hermosa und Playa del Coco) entdeckt und deren Wasser man zum Schwimmen oder Surfen gleichermaßen nutzen kann. An der Küste im Norden und Nordwesten des Landes befinden sich unzählige solcher paradiesischer Strände ...**

## STRAND-TIPPS

**Playa Hermosa**
Es gibt zwei Strände in Costa Rica, die diesen Namen tragen. Einer befindet sich in Puntarenas, der andere in Guanacaste.

Letzterer ist etwa zwei Kilometer lang und zählt zu den schönsten Stränden des Landes. Es gibt wunderbare Tauchspots, aber auch Ausritte zu den Mangrovenbuchten lohnen sich. Genussmenschen kommen in den Restaurants nicht zu kurz.

**Playa Papagayo**
Auf der gleichnamigen Halbinsel in Guanacaste haben sich viele Luxusresorts niedergelassen und punkten mit romantischen Häusern (eine Stunde Fahrzeit vom Flughafen Liberia). Das Wasser ist grünblau, die Strände entsprechend gepflegt und eine Marina lädt zum Bummeln ein.

**Playa Flamingo**
Dieser zählt nicht umsonst zu den schönsten Stränden an der Westküste. Im Dezember und zu Ostern ist er ein beliebtes Urlaubsziel. Ein Besuch des nahe liegenden Santa-Rosa-Nationalparks bringt Abwechslung vom Strand.

Dieser wunderschöne Strand liegt am Eingang zum Corcovado-Nationalpark an der Pazifikküste.

Nordwesten, Nördliches Hochland & Nicoya-Halbinsel

# UPALA

Zwischen den nördlichen Vulkanen, dem Regenwald und dem Nicaraguasee befindet sich Upala, knapp zehn Kilometer von der Grenze zu Nicaragua entfernt. Eingebettet zwischen Reisfelder und Rinderweiden, bildet das Städtchen einen günstigen Anlaufpunkt für Reisende, die von den guten Vogelbeobachtungsmöglichkeiten angelockt werden. Ein bekanntes Produkt aus der Gegend ist der Kakao, den die Bauern in mühevoller Arbeit gewinnen. Auch der morgendliche Markt nahe des Busbahnhofs mit seinen vielen Ständen ist ein beliebtes Ziel in der Stadt. Bauern verkaufen dort Handgemachtes wie Marmeladen und selbst gezogene Früchte oder pressen hervorragende Säfte für die Besucher. Mit einer Einwohnerzahl von 13 000 Menschen ist Upala überschaubar und ruhig und bietet sich als perfekter Zwischenstopp für Unternehmungen in den Caño Negro oder aber für Ausflüge ins Nachbarland Nicaragua an.

**Das beschauliche Upala dient Touristen als Anlaufpunkt für Ausflüge ins Umland.**

Nordwesten, Nördliches Hochland & Nicoya-Halbinsel

# REFUGIO NACIONAL DE VIDA SILVESTRE CAÑO NEGRO

Wenn die Bevölkerung schneller wächst, als die Felder Ernte tragen, greift der Mensch meistens zu Säge oder Spaten, um der Natur ein Stückchen der Wildnis abzutrotzen und es urbar für Felder oder Grundstücke zu machen. Dieses Schicksal traf auch den Caño Negro in den 1970er-Jahren. 20 Jahre lang wurde der wertvolle Regenwald für Rinderweiden geopfert. Obwohl 1991 ein Schutzgebiet ausgerufen wurde, blieben die Menschen gierig nach Rohstoffen. Der Wald schrumpft bis heute, ebenso der Wasserpegel des Río Frío. Für die dort lebenden Ozelots und Aras eine Katastrophe, von der nicht bekannt ist, wie sie enden wird. Noch aber ist das Areal wichtigstes Feuchtgebiet des Landes und beliebte Station von Zugvögeln wie Reihern, Schlangenhalsvögeln, aber auch von Jaguaren. Und Weißschulter-Kapuzineräffchen tummeln sich in den Bäumen.

**Links, im UZS: Grünreiher, Olivenscharbe, Grüner Leguan, Blaureiher, Kanadareiher, Grüner Leguan. Oben: Brettwurzel.**

Nordwesten, Nördliches Hochland & Nicoya-Halbinsel

# FAULTIERE

Kaum ein Tier strahlt mehr Ruhe und Gelassenheit aus als das Faultier. Kein Wunder also, wenn mittelamerikanische Kinder es lieben, diese entspannten Tiere wie Babys herumzutragen. Seinen etwas despektierlichen Namen trägt das Säugetier völlig zu Unrecht, denn mit Faulheit hat seine Langsamkeit gar nichts zu tun. Sie ist vielmehr ein Paradebeispiel für die ideale Nutzung der eigenen Energie: Kaum ein anderes Säugetier hat einen derart langsamen Stoffwechsel. Die Körpertemperatur liegt bei nur 33 Grad und das Faultier verdaut die Nahrung so langsam, dass es nur einmal pro Woche seinen Baum verlässt, um den Kot abzulegen. Auch am Boden bewegt es sich im Zeitlupentempo. Erstaunlich ist die Symbiose, die das Dreifingerfaultier mit Motten eingegangen ist: Sie leben in seinem Fell und hinterlassen dort wichtige Phosphorspurenelemente und Stickstoffe, die das Faultier beim Ablecken aufnimmt.

**Bei Dschungelwanderungen begegnet man des Öfteren den gemütlichen Tieren.**

Nordwesten, Nördliches Hochland & Nicoya-Halbinsel

# PARQUE NACIONAL GUANACASTE

Dieses Areal (UNESCO-Welterbe) ist Lebensraum von seltenen Tier- und Pflanzenarten. Es besteht aus drei Nationalparks und kleineren Schutzzonen und reicht von der Pazifikküste über die gut 2000 Meter hohen Berge des Inlands bis in das der Karibik zugewandte Tiefland. Zu Guanacaste gehören Küstengewässer, Inseln, Sandstrände und Felsküsten ebenso wie Gebirgs- und Vulkanlandschaften – darunter auch der aktive Schichtvulkan Rincón de la Vieja. 37 Feuchtgebiete sowie Mangroven- und tropische Regenwälder sind hier zu finden, aber auch tropischer Trockenwald, dessen Bäume in der heißen Jahreszeit ihr Laub abwerfen. 60 000 Hektar misst dieses letzte große noch intakte tropische Trockenwaldgebiet Zentralamerikas, das weltweit zu den größten geschützten Waldgebieten dieser Art zählt.

**In Guanacaste gedeihen rund 230 000 Tier- und Pflanzenarten, darunter Streifenschwanzkolibri, Laubfrösche, Südlicher Tamandua und Jaguar (Bildleiste rechts).**

Nordwesten, Nördliches Hochland & Nicoya-Halbinsel

# PARQUE NACIONAL RINCÓN DE LA VIEJA

Dass es in Costa Rica noch unberührte Waldgebiete gibt, mag nicht überraschen. Dass diese speiende Geysire, sprudelnde Schlammbecken und aktive Vulkane beherbergen, vielleicht schon eher. Der Nationalpark Rincón de la Vieja in der Provinz Guanacaste umfasst 141 Quadratkilometer. Wanderer können Teile des Parks auf spannenden Naturpfaden erkunden, die u. a. zu erfrischenden Wasserfällen führen. Ein Highlight ist natürlich der Besuch des Vulkans Rincón de la Vieja. Der Nationalpark zählt übrigens nicht zu den von Besuchern stark frequentierten Orten des Landes, sodass man in relativer Ruhe durch das atemberaubende Paradies von Flora und Fauna wandern kann. Rund 20 Kilometer nordöstlich von Liberia gelegen, ist Rincón de la Vieja zudem ein guter Abstecher auf einer Rundreise durch Costa Rica; in der Nähe liegen nämlich weitere Nationalparks wie der von Santa Rosa oder Guanacaste.

**Ein Bewohner des vielseitigen Schutzgebiets ist der Grüne Leguan (oben).**

## UNTERNEHMUNGEN IM NATIONALPARK

**Hotel Hacienda Guachipelín**
Diese Öko-Lodge bietet nicht nur ein nachhaltig gestaltetes Hotel, sondern ein

breites Spektrum an Aktivitäten. Sich am Wasserfall abseilen, Canyoning oder ganz in Ruhe paddeln oder Wandern, Baden in den heißen Quellen, Reitausflüge oder Seilrutschen gehören zu den vielen Angeboten des Adventure-Centers.
Hacienda Guachipelín
Rincón de la Vieja National Park
www.guachipelin.com

**Wandertouren zum Krater des Rincón de la Vieja**
Beliebt sind Wandertouren zum Krater sowie Badestopps an den heißen Quellen. Wer den Krater erkunden möchte, sollte früh aufstehen. Die Sonne kann brennend heiß sein. Manchmal ist aufgrund der Aktivität des Vulkans der Weg gesperrt, Reisende sollten sich vorher bei der Nationalpark-Verwaltung informieren. Der Park ist montags geschlossen.
www.acguanacaste.ac.cr

Blubbernde Schlammquellen wie diese findet man bei einer Tour durch den Rincón de la Vieja häufig.

Nordwesten, Nördliches Hochland & Nicoya-Halbinsel

# VULKANE DES NORDENS

Vulkane sind pure Energie: Feuerkraft, die aus dem Boden aufwallt und sich anhand von Dämpfen, heißen Quellen oder Gerumpel im Inneren des Berges bemerkbar macht. Kein Wunder, dass Costa Rica auf die Idee gekommen ist, die Erdwärme in Kraftwerken zu Strom umzuwandeln. Vulkane üben auch immer eine besondere Faszination auf Reisende aus. Diese kegelförmigen Berge, denen man manchmal sogar in die Krater blicken kann, möchten erwandert und erforscht werden. Neben dem Miravalles (2028 Meter) zählen Tenorio (1913 Meter) und Cerro Chato (1140 Meter) zu den bekanntesten Vulkanen des Nordens. Während Ersterer eher zu den Promis unter den Feuerbergen zählt, steckt die Gegend um den Tenorio touristisch noch in den Kinderschuhen, was man vom Cerro Chato nicht sagen kann, dessen Kratersee zu verlockend ist, um ein Geheimtipp zu bleiben.

**Rechts: die Vulkane Miravalles und Rinón de la Vieja. Oben: rauchender Kessel; rechte Seite: Kratersee des Cerro Chato.**

## VULKANWANDERUNGEN

Türkisblaues Wasser, das wie ein Edelstein im Sonnenlicht schimmert, übt immer wieder eine Faszination auf den Menschen aus. Vor allem die Kombination von

Vulkankratern und Regenwald scheint das perfekte Ziel einer Wanderung. Unter den Vulkanen des Nordens von Costa Rica zählt deswegen der Weg zum Kratersee des Cerro Chato zu den beliebtesten Trekkingrouten. Etwas abgelegener und ruhiger ist die Wanderung am Río Celeste im Tenorio-Nationalpark: Sie lässt sich gut kombinieren mit einer Tour zum Miravalles. Am besten unternimmt man Vulkanwanderungen in der Zeit zwischen Januar und April, denn dann macht der Regen im Land Pause und die beste Saison für Ausflüge zu den Vulkanen beginnt.

Nordwesten, Nördliches Hochland & Nicoya-Halbinsel

# PARQUE NACIONAL ARENAL

Der als daueraktiv geltende Vulkan Arenal liegt knapp 100 Kilometer nördlich der Hauptstadt San José in einem Naturschutzgebiet am Arenal-See. Das zu schützende Areal ist 120 Quadratkilometer groß und umfasst intakten Regenwald, einige Flüsse und Wasserfälle und die dort lebende reiche Fauna. Relativ kurze Wanderungen von zwei bis drei Kilometern führen durch Sekundärwald und Lavafelder. Dabei können Besucher einigen hier lebenden Tieren wie Tapiren, Brüllaffen, Weißschulter-Kapuzineraffen oder Schlangen begegnen. Zur Vogelwelt zählen Papageien, Trupiale und Calocitta. Die Flora bietet verschiedene Palmenarten, Bromeliengewächse (darunter die endemische Pitcairnia funkiae) und Orchideen. Optischer Höhepunkt ist aber natürlich der Vulkan Arenal selbst.

**Der Regenwald birgt unzählige Grüntöne mit all ihren Nuancen und Varianten. Dort leben Zweifingerfaultier, Myiozetetes similis, Braunkehl-Faultier und Greifschwanz-Lanzenotter (Bildleiste rechts).**

Nordwesten, Nördliches Hochland & Nicoya-Halbinsel

# PARQUE NACIONAL ARENAL
# VOLCÁN ARENAL

Zuletzt kam es im Jahr 1968 zu einem großen Ausbruch des Arenal-Vulkans. Dabei stürzte die Westflanke des Vulkans zusammen, und es entstanden auf einer Höhe von etwa 1000 Metern drei neue Krater. Lange Zeit war der Arenal ein Postkartenmotiv und ein Aushängeschild des Tourismus in Costa Rica: Tagsüber hingen dicke Rauchwolken und Ascheblöcke über der Spitze, während nachts die glühend roten Lavastränge, die die steilen Hänge des Berges hinabflossen, leuchteten. Seit dem Jahr 2010 jedoch sieht man dieses Leuchten nicht mehr, denn der Vulkan spuckt aktuell keine Lava mehr aus. Wer auf den 1633 Meter hohen Kegel will, der macht am besten in dem Örtchen La Fortuna am Fuße des Arenal halt. Eine Besteigung gilt aufgrund der Unberechenbarkeit des Berges jedoch als ausgesprochen gefährlich und sollte nur im Rahmen einer Führung unternommen werden.

Die Region rund um den Arenal ist eines der beliebtesten Touristenziele Costa Ricas. Von La Fortuna aus lassen sich Touren zu den natürlichen Thermalquellen machen, die sich hier befinden. Und auch der Cerro Chato liegt nicht weit entfernt. Eine beliebte Unterkunft ist die Arenal Observatory Lodge & Spa, rund drei Kilometer südlich des Vulkans im gleichnamigen Nationalpark gelegen.

Wer mehr Abenteuer als das Wandern sucht, der kann eine Zipline-Tour buchen und dabei die Aussicht auf den Vulkan Arenal genießen oder den Nationalpark auf Hängebrücken erkunden.

**Schon von Weitem sieht er beeindruckend aus, der Vulkan Arenal im gleichnamigen Nationalpark (großes Bild). Ein Truthahngeier zieht seine Kreise um den aktiven Feuerberg (kleines Bild), der derzeit allerdings keine Lava mehr ausspuckt.**

Nordwesten, Nördliches Hochland & Nicoya-Halbinsel

# PARQUE NACIONAL ARENAL
# LAGUNA DE ARENAL

Nicht Ampeln oder Baustellen, nein, Nasenbären sind es, die manchmal den Verkehr um diesen Stausee zum Erliegen bringen. Vor allem morgens lieben es die Kleinbären, ihre Familien spazieren zu führen und kreuzen dann gerne die Straße. Einheimische wissen das schon und fahren entsprechend vorsichtig. Nasenbären, Tapire, Jaguare und Faultiere sind nur einige Vertreter der reichen Fauna. Der Arenal ist der größte Stausee Costa Ricas und misst 80 Quadratkilometer. Ornithologen finden unter den rund 300 Vogelarten am Arenal Schmuck- und Streifenreiher, aber auch den schillernden Grünfischer oder den Quetzal vor. Von November bis April ist der See in der Hand der Windsurfer, die dann ideale Windbedingungen haben. Dass der Lake Arenal so ganz nebenbei auch noch 60 Prozent des Strombedarfs des Landes deckt, macht ihn noch viel sympathischer. Vom Südwestufer offenbart sich ein schöner Blick auf den Vulkan.

**Der gigantische See ist 85 Quadratkilometer groß und stellenweise 60 Meter tief.**

Nordwesten, Nördliches Hochland & Nicoya-Halbinsel

# DSCHUNGEL-WANDERN

Unter jedem Schritt dampft der Boden. Tropfen pitschen von den Bäumen herab und es zwitschert, knarzt oder raschelt geheimnisvoll: Ein Tag im Dschungel gehört zum Costa-Rica-Besuch wie Kaffeetrinken und rotes Taxi fahren. Und am besten auch gleich eine oder mehrere Nächte in einer Dschungel-Lodge verbringen, in der die Brüllaffen morgens in den Bäumen toben, die Tapire über den Boden schnüffeln und nachts das geheimnisvolle Ozelot jagt. Etwa im Nebelwald Monteverde, in dem einst ein Tier wohnte, dessen Name an ein Märchenwesen erinnert: Die Goldkröte gilt inzwischen als ausgestorben. Lebendig hingegen sind die Pfeilgiftfrösche, die für spannende Erzählungen auf den Dschungeltouren sorgen. Unwirklich ist auch das Farbkleid der Aras, die einst so zahlreich die Baumkronen bevölkerten. Doch heute sind auch diese Dschungelbewohner leider rar geworden.

**Auf ausgebauten Wegen, aber auch durch Bäche und an Wasserfällen vorbei geht die Wanderung durch den Dschungel.**

## BESONDERE WANDERUNGEN

**Corcovado-Nationalpark**
Einer der schönsten Nationalparks des Landes liegt auf der Osa-Halbinsel: Dorthin kommen die Touristen nur mit Eintritts-

erlaubnis und Guide. Die Möglichkeiten der Touren sind vielfältig und reichen vom Reitausflug über Goldwaschen, Walbeobachtung bis hin zu Besuchen bei den indigenen Völkern. Die Zahl der Anbieter ist groß und reicht vom Luxuscamp bis zu Tourguides.
www.corcovado.com, www.soldeosa.com

**Monteverde-Nationalpark**
Dschungelerfahrungen kombiniert mit Nervenkitzel bietet der Nationalpark Monteverde: Besucher gehen dort nicht nur auf Regenwaldtour, sondern können über Hängebrücken oder auf Baumwipfelpfaden wandern.
www.alexonthebeach.com

Nordwesten, Nördliches Hochland & Nicoya-Halbinsel

## PARQUE NACIONAL ARENAL
# TABACÓN HOT SPRINGS

Es brodelt nicht nur im Vulkan Arenal, sondern auch in seiner Umgebung. Während in dem Feuerberg die Lava rumpelt und Dämpfe erzeugt, die manchmal aus dem Kegel des Vulkans aufsteigen, scheint es, als wäre die Erde der ganzen Region aufgewühlt. Die Gegend um den Arenal ist geprägt von heißen Quellen und Naturbädern. So manch findiger Einheimischer leitet das mineralienreiche Wasser in einen Pool oder andere Wellnessanlagen und bietet den Besuchern das Erlebnis, in den heißen Quellen zu baden, wie etwa die Eco Termales Hot Springs. Die bekannteste Anlage dieser Art ist das Tabacón-Resort. Es zählt zu den weltbesten Spas, die von natürlicher Quelle gespeist sind. Wer einmal dort war, versteht warum: Das 30 bis 35 °C warme Wasser wird über einen künstlichen Fluss in verschiedenen Kaskaden durch den Regenwald-Garten geleitet. Wer dort badet, genießt Dschungelabenteuer pur.

**Im Tabacón Spa lässt man es sich in den heißen Quellen gut gehen.**

## WELLNESS IM DSCHUNGEL

**Nayara Resort, Spa & Gardens**
Zu den weltbesten Resorts zählt dieses Hotel, das sich perfekt an den Hängen des Arenal-Gebirges in die Regenwaldland-

schaft schmiegt und zu den romantischsten Unterkünften der Welt zählt.
www.arenalnayara.com

**Arenal Kioro Suites & Spa**
Die wunderschöne Anlage befindet sich am Fuße des Vulkans. Mehrere Thermal-Pools und viel Ruhe in der Natur stehen auf dem Programm.
www.hotelarenalkioro.com

**The Springs Resort & Spa**
Von jedem Hotelzimmer aus ein Blick auf den Arenal-Vulkan, dazu eine Anlage, die sich in den Dschungel schmiegt, das Resort bietet Luxus pur.
www.thespringscostarica.com

**Tabacón**
Dies ist nicht nur ein Spa, sondern eine komplette Hotelanlage, ein luxoriöses Hideaway im Dschungel.
www.tabacon.com

Nordwesten, Nördliches Hochland & Nicoya-Halbinsel

# FRÖSCHE

Die Frösche Costa Ricas leben oft im Blattwerk von Bäumen oder Bromelien, wo man sie selten sieht. Im ganzen Land sind derzeit 193 Froscharten bekannt, die sich in 14 Familien aufteilen. Es handelt sich meist um Baumsteigerfrösche, auch Pfeilgiftfrösche oder Farbfrösche genannt, die durch ihre leuchtende Farbe und kaum durch ihre Größe (nur 12 bis 50 Millimeter) auffallen. Der bekannteste unter ihnen ist der Rotaugenlaubfrosch; er ist besonders bunt. Das Farbenspiel all dieser Frösche dient der Abschreckung der Fressfeinde und ist eine Warnung an ihre Umwelt, denn einige der Baumsteigerfrösche sind giftig. Sie können ein spezielles Hautgift produzieren.

**So bunt und dennoch so leicht in all dem Grün des Dschungels zu übersehen. In Costa Rica leben viele winzige Frösche. Oben: Panama-Stummelfußfrosch. Großes Bild: Greiffrosch. Bildleiste rechts: Rotaugenlaubfrösche, Lemurenfrosch, Hipsiboas rufitelus und Glasfrosch.**

Nordwesten, Nördliches Hochland & Nicoya-Halbinsel

# LA-FORTUNA-WASSERFALL

Aus der Luft mag es aussehen, als hätte jemand ein dickes weißes Band mitten in den Dschungel gelegt. Beim Nähertreten erweist sich dieses Band als Schleier vieler kleiner Tropfen. Hier spaltet sich der Río Celeste in kleinste Teile auf, die nacheinander in die Tiefe stürzen, um sich dort als smaragdgrüner Pool zu sammeln und dann weiterzufließen. Der Wasserfall, der nur wenige Kilometer außerhalb der Stadt La Fortuna liegt, gehört zu den großen Tourismusattraktionen des Landes, kostet Eintritt und ist gut besucht. Manchem mag der Preis etwas hoch vorkommen, aber der Wasserfall wird von einer Non-Profit-Organisation betreut, die das Geld für den Naturschutz einsetzt. Wer mag, kann sogar in dem Pool baden und sich vom Wasserfall abduschen lassen. Ganz Mutige buchen eine Canopy-Tour, schweben an einem Drahtseil hoch über den Bäumen und schauen sich den Wasserfall von oben an.

**Ganz in der Nähe des Vulkans Arenal liegt der La-Fortuna-Wasserfall.**

## ABSTECHER ZU DEN CAVERNAS DE VENADO

Versteckte Geheimnisse – das ist eine Spezialität des kleinen tropischen Landes. Allein schon die überbordende Pracht der

Regenwälder fasziniert viele Besucher. Doch das Land kann nicht nur überirdisch zum Staunen verführen, sondern auch unter der Erdoberfläche. Nur etwa eine halbe Stunde Autofahrt von La Fortuna entfernt befindet sich ein Höhlenschatz: Die Venado Caves sind ein Tropfsteinhöhlensystem, das sich über zwölf verschiedene Räume erstreckt und auf zwei Kilometern begehbar ist. Die Tour gleicht einem kleinen Abenteuer, denn je nach Wasserstand müssen Flüsse und sehr enge Gänge durchquert werden. Spinnen und Fledermäuse sind dabei ebenso zu bewundern wie die erstaunlichen Formationen, die Fels und Tropfen über die Jahrtausende gebildet haben. Die Höhlen wurden erst im Jahr 1962 entdeckt und sollen sich einst auf dem Grund des Ozeans befunden haben.

Nordwesten, Nördliches Hochland & Nicoya-Halbinsel

# CORDILLERA DE TILARÁN

Im Tal der Arenal-Stausee, am Horizont der große Vulkan und rundherum einsame Berge: Tilerán ist alles andere als ein touristischer Hotspot. Der kleine Ort inmitten der gleichnamigen Bergkette bietet dafür Einblicke in das unerforschte Leben und lässt Kontakte mit den Einheimischen zu. Und Naturerlebnisse, die man sich eben nicht mit vielen anderen Touristen teilen muss. Wie wäre es mit einem Ausritt in die Berge oder Wandertouren durch den Regenwald und dabei immer wieder das Panorama genießen? Die Blicke reichen weit, wenn nicht gerade der typische Nebel an den Spitzen der Berge hängt. Nah des Ortes gibt es sogar einen Wasserfall, den Viento Fresco, der sich hier in die Tiefe stürzt.

**Von hoch oben scheint es, als säße man in der Cordillera de Tilarán auf dem Dach dieser Gegend (kleines Bild).**

Nordwesten, Nördliches Hochland & Nicoya-Halbinsel

# RESERVA INDÍGENA MALEKU

Wertvolle Rohstoffe zu haben, war schon für manchen indigenen Stamm ein Todesurteil. Was für die einen Gold oder Öl war, war für die Maleku der Kautschuk. Denn als mit dem Beginn der Automobilindustrie Anfang des 20. Jahrhunderts der Hunger nach Gummi anstieg, drangen Zulieferer in den bis dahin recht unbekannten Regenwald von Costa Rica vor und wurden fündig. Ein Kautschukkrieg entstand, viele Maleku verloren ihr Leben. Heute wohnen rund 600 Menschen dieses indigenen Stammes in einem Reservat. Sie arbeiten als Heiler, Journalisten oder Touristenführer. Besucher können Touren durch das Reservat buchen, sollten aber darauf achten, dass die Maleku selbst über ihre Traditionen Auskunft geben und nicht zur Schau gestellt werden.

**Handgemachte Kunstgegenstände werden im Maleku-Reservat verkauft (rechts).**

Nordwesten, Nördliches Hochland & Nicoya-Halbinsel

# PARQUE NACIONAL VOLCÁN TENORIO

Es ist wohl dieses einzigartige Blau (Span. »celeste«), das die Wanderer lockt, die Tour zum Río Celeste zu unternehmen. Eine Farbe wie der Palette eines Malers entsprungen, knallig, strahlend und rein. Manchmal allerdings gibt es die Farbe auch im Chemielabor der Natur: Der Río Celeste entspringt der Mündung der beiden Flüsse Buenavista und Ácido. Während Letzterer Schwefel mit sich führt, enthält der Buenavista Kalziumkarbonat. An der Quelle des Celeste gehen die beiden eine neue Verbindung ein und färben das Wasser himmelblau. Die Schwefelquelle ist dem nahen Vulkan Tenorio und seiner Aktivität zu verdanken, an dessen Hängen es sich wunderbar wandern lässt. Der beliebteste Weg ist der am Fluss entlang über viele wackelige Hängebrücken und holprige Wege. Manchmal blubbert und stinkt es auch, wenn der Feuerberg seine Schwefelspektakel fabriziert.

**Links:** Anden-Bartvögel (ganz oben und ganz unten), Goldbaumsteiger, Knotenameisen, Rotaugenlaubfrosch.

Nordwesten, Nördliches Hochland & Nicoya-Halbinsel

# PARQUE NACIONAL PALO VERDE

Sie sind nicht überall auf der Welt beliebt, aber wo sie vorkommen, da tummeln sich die Vögel: Mücken, vor allem ihre Larven, sind eine wichtige Grundnahrung für viele Vogelarten. Mit diesem Wissen ist das leise Summen um Kopf und Körper besser zu ertragen, wenn Reisende sich zum Nationalpark Palo Verde aufmachen. Er gilt als ein Paradies für Vögel (und Ornithologen). Das knapp 17 000 Hektar große Schutzgebiet ist benannt nach der gleichnamigen Pflanze aus der Gattung der Johannisbrotgewächse, die in der tropischen Trockenwaldlandschaft häufig vorkommen. Mangroven, Marschland und Sümpfe wechseln sich in dieser Szenerie ab, die geprägt wird vom Tempisque-Fluss und den mehr als 300 verschiedenen Vogelarten, darunter Jabiru, Schmuckvogel und Blauflügelente. Touren auf dem von Krokodilen bewohnten Fluss gehören zum Pflichtprogramm.

**Links: Rosalöffler und Jabiru. Oben: Krokodilkaiman. Rechts: Gelbstirn-Blatthühnchen, Silberreiher, Enten, Rosalöffler.**

Nordwesten, Nördliches Hochland & Nicoya-Halbinsel

# RESERVA BIOLÓGICA BOSQUE NUBOSO MONTEVERDE

Entlang der Cordillera de Tilarán, etwa 140 Kilometer nordwestlich von Costa Ricas Hauptstadt San José, erstreckt sich das Reservat Monteverde. Es breitet sich auf einer Höhe von 1500 Metern aus. Der Nebelwald macht seinem Namen alle Ehre. Die Hänge sind in üppigem Grün von Bäumen und Palmen bewachsen, und die hügelige Landschaft verspricht sehenswerte Ausblicke – auch auf die Tierwelt, die hier lebt. Brüllaffen, Faultiere und eine vielfältige Vogelwelt haben ihre Heimat in diesem kleinen Paradies. An den eigens aufgehängten Honig-Futterstellen kann man den faszinierenden Flug der Kolibris beobachten. Durch das Reservat führen Wege, verschiedene Aussichtsplattformen sind angelegt. So sind bequeme Spaziergänge möglich.

**Schaurig schön fällt das Licht durch das dichte Blattwerk des Nebelwalds (oben). Faultier (großes Bild), Mantelbrüllaffe, Violettdegenflügel, Schlankbär, Fischertukan und Greifschwanz-Lanzenotter (Bildleiste rechts) leben hier.**

### MONTEVERDE
### BUTTERFLY GARDENS

Eine zart glänzende Hülle hängt kopfüber an einer Schnur. Sie schillert metallisch im Licht wie Bonbonpapier. Dies ist ein ganz

besonderes Exemplar eines Kokons, das sich im Schauhaus der Butterfly Gardens befindet. Wenn das zarte Paket zu wackeln beginnt, sollten Besucher stehen bleiben und innehalten, denn es passiert ein Wunder der Natur: Ein Schmetterling entfaltet sich und flattert noch etwas ungelenk auf seinem ersten Flug. Neben der Entwicklung vom Ei über die Raupe bis zum Schmetterling können Besucher die Insekten nicht nur fliegen sehen, sondern auch durch einen sehr schönen, gepflegten tropischen Garten wandeln, ihr Wissen über das Zusammenspiel zwischen Pflanzen, Insekten und größeren Tieren auffrischen und etwas über Mimikry, Täuschung und Tarnung lernen. Während die einen Falter aussehen wie Eulenaugen, schillern andere blau wie der Himmel oder in auffälligen Warnfarben.

Provinz Puntarenas, Monteverde
www.monteverdebutterflygarden.com

### MONTEVERDE
### ORCHID GARDEN

Auf einer alten Kaffeeplantage nahm alles seinen Anfang: Vor rund dreißig Jahren haben sich die Eigentümer auf ihre Liebe

zu alten Bäumen und Orchideen konzentriert und die Monokultur mit Jungpflanzen bereichert. Entstanden ist dabei nicht nur ein Orchideengarten, sondern ein wahrer Garten Eden, der sich gut auf den ausgewiesenen Pfaden erkunden lässt. In Volieren sind dort auch Papageien zu besichtigen. Von Januar bis März ist Hauptsaison in dem Park, denn dann blühen die meisten Pflanzen. Besonders schön ist übrigens der Spielplatz, der ein gutes Beispiel ist, wie sich Nachhaltigkeit jenseits von Plastik auch dort umsetzen lässt: Rutsche und Spielgeräte sind komplett aus Holz, was ihnen ein märchenhaftes Aussehen verleiht.

Monte Verde, 60901
monteverdeorchidgarden.net

Monteverde ist eines der bekanntesten Naturschutzgebiete von Costa Rica.

Nordwesten, Nördliches Hochland & Nicoya-Halbinsel

# CANOPY & SKY WALKS

Die Arme ausbreiten, hoch über dem Dschungel schweben und einfach dahingleiten: Was eigentlich nur den Vögeln vorbehalten ist, können in Costa Rica auch die Menschen machen: In Ermangelung der Flügel werden sie mit einem starken Karabiner am Drahtseil gesichert und sausen über die Baumwipfel hinweg. Canopy heißt diese Art des Abenteuers, die man mit zumeist viel Adrenalin im Blut als lebendige Seilbahn erleben kann. Wer es etwas gemäßigter möchte, der wagt sich auf eine der vielen Hängebrücken, die sich über die Baumkronen spannen – das Schaukeln ist ebenfalls nichts für schwache Nerven. Aktivitäten wie diese zeigen, wie wenig es braucht, um einmal den Blickwinkel zu ändern und das Schauspiel auf der großen Bühne der Natur zu bewundern.

**Canopys und Sky Walks sind überall in Costa Rica zu finden; als die berühmtesten Routen gelten der Sky Trek und Selvatura in Monteverde (oben und rechts oben). Rechte Seite: Hängebrücke bei La Fortuna.**

## AKTIV IM DSCHUNGEL

**Klassische Zipline-Tour**
Einmal ist keinmal – nach diesem Motto scheinen auch die Zipline-Touren vorzugehen, denn man kann nicht nur einmal

eine Canopy-Tour machen, sondern regelrecht von Zipline zu Zipline trekken wie etwa im Sky Trek Park.
www.skyadventures.travel

**Bungee Jumping**
Im freien Fall aus der Seilbahnkapsel oder von der Brücke über einen Fluss springen? Bungee Jumping gehört zu den Adrenalinkicks in Costa Rica. Die Sprünge führen bis zu 143 Meter in die Tiefe.
monteverdetours.com

**Extremere Touren**
Wer so richtig an seine Grenzen kommen möchte, der bucht gleich das große Paket: Canopy, Canyoning, senkrechte Wände hinunterhangeln, Strickleitern in Bäumen erklimmen – dazu sind aber auch Muskeln gefragt!
www.skyadventures.travel

Nordwesten, Nördliches Hochland & Nicoya-Halbinsel

# REFUGIO NACIONAL DE VIDA SILVESTRE OSTIONAL

Als hätten sie eine innere Uhr, machen sich Tausende von Olivbastardschildkröten auf den Weg nach Ostional. Jedes Jahr zur selben Zeit, etwa zehn Tage nach Vollmond, lassen sie sich mit der Flut an den Sandstrand schwemmen und gehen dort dem jahrtausendealten Rhythmus des Lebens nach. Behäbig erklimmen sie die Dünen, buddeln ein Loch und legen dort ihre Eier ab. Bis zu 350 000 Tiere bevölkern dann den Strand, der einem Meer von Panzern gleicht. Was heute Touristen fasziniert, war noch bis in die 1990er-Jahre eine wichtige Einnahmequelle der Einheimischen, die die Eier an Bäckereien und Supermärkte als Delikatessen verkauften. Inzwischen aber sind die Eier streng geschützt und das Wildreservat kümmert sich um den Schutz des Schildkrötennachwuchses. Die Bewohner von Ostional dürfen noch immer 200 Schildkröteneier pro Person entnehmen – überwacht und genau reguliert.

**Dieses Weibchen ist eines von vielen, die hier zur Eiablage aus dem Wasser steigen.**

Nordwesten, Nördliches Hochland & Nicoya-Halbinsel

# PENÍNSULA DE NICOYA

Auf der größten Halbinsel Costa Ricas dominiert die Vielfalt der Landschaftsformen: Regenwald wechselt sich mit Wiesen ab, Traumstrände mit bewachsener Küste. Die Nicoya-Halbinsel ist ein Kosmos für sich, der aus einem südlichen und einem nördlichen Teil besteht. Der Norden zählt zu den begehrtesten Gegenden der Landzunge, denn dort finden sich berühmte Sandstrände, attraktive Tauchgründe, dichte Wälder – und teure Baugrundstücke. Zudem zählt der Norden zu einer der trockensten Klimazonen des Landes. An die schönsten Plätze führen allerdings zumeist die holprigsten Straßen, der Aufwand wird belohnt mit einem feinsandigen Strand. Der Süden der Halbinsel zeigt sich tropischer. Auf der Südspitze befindet sich auch das erste Naturreservat des Landes. Galt der südliche Teil einst als Hippie-Zone, zieht er heute Surfer an, die hier nach der perfekten Welle suchen und diese zumeist auch vorfinden.

**Nach Santa Teresa kommen vor allem Surfer und Sonnenbadende.**

Nordwesten, Nördliches Hochland & Nicoya-Halbinsel

## PENÍNSULA DE NICOYA
# TAMARINDO

Zwischen Playa Grande und Tamarindo befindet sich ein Rückzugsgebiet für Tiere: Das Refugio de Vida Silvestre Tamarindo (so der offizielle Name) bietet nicht nur Krokodilen eine Zuflucht, sondern auch Kaimanen oder Stachelrochen. Das Naturreservat umschließt die Mündung des Flusses Matapalo und besteht schon seit 1990. Umweltschützer sind vor allem stolz darauf, das größte Schutzgebiet für Lederschildkröten der Welt zu sein. Das größte Reptil der Welt hat den Schutz bitter nötig, denn es gehört zu den Tieren, die am stärksten von Klimawandel und Umweltverschmutzung betroffen sind. Plastikmüll und die Jagd nach Eiern machen den Meeresbewohnern zu schaffen. Unvergesslich sind Kanufahrten durch den Salzwasserdschungel. Auch Tauch- und Fahrradtouren werden abgeboten. Drei Strände gehören zum Reservat: Playas Grande, Ventana und Langosta.

**Nach einem Tag am Strand blüht abends das Leben in den kleinen Bars von Tamarindo (kleine Bilder). Neben Entspannen im Sand kann man auch einen Ausflug zum Tamarindo-Wasserfall unternehmen (großes Bild).**

Nordwesten, Nördliches Hochland & Nicoya-Halbinsel

## PENÍNSULA DE NICOYA
## PARQUE NACIONAL BARRA HONDA

Schutzhelm auf dem Kopf, festes Schuhwerk geschnürt und dann geht es ab auf die Strickleiter: Wer die Höhlen von Barra Honda erkunden möchte, braucht ein wenig Abenteuerlust. Doch es lohnt sich, denn im Laufe von 70 Millionen Jahren haben kleine Wassertropfen wunderschöne Kunstwerke aus dem Kalksandstein gefertigt. Manche der Stalagmiten erinnern an gotische Säulen, so schlank und himmelsstrebend sind sie, andere an die heilige Familie mit dem Jesuskind in der Mitte. Die am besten erforschte der 42 Höhlen des Nationalparks ist Terciopelo. Die »Samthöhle« ist 62 Meter tief, aber für Anfänger gut geeignet. Hier befinden sich auch die kuriosesten Formationen: Heliktiten, die aussehen wie Spiegeleier, Popkorn, Champignons oder gar Haifischzähne. Um diese Wunder der Natur zu sehen, muss man aber zunächst 30 Meter senkrecht in die Tiefe steigen, bevor man im sogenannten Großen Saal ankommt, wo die Tour beginnt. Bei den Besuchern beliebt sind auch die Höhlen Santa Ana (240 Meter) und Pozo Hediondo (60 Meter). Letztere besteht sogar aus drei Räumen. Das Höhlensystem, das im Jahr 1970 entdeckt wurde, ist bislang erst auf 170 Meter Tiefe erforscht. Man vermutet aber, dass die Höhlen doppelt so tief reichen. Fledermäuse ruhen sich zwischen den Tropfsteinkunstwerken von der Jagd aus. Andere Tiere wie Salamander oder Fische haben sich an das Leben in der Dunkelheit angepasst.

**Mit ein wenig Fantasie erkennt man sie: Diese Formation aus Stalagmiten und Stalaktiten soll die heilige Familie darstellen (großes Bild). Dank der Beleuchtung sehen die Spitzen noch beeindruckender aus (kleines Bild).**

Strandhäuschen wie dieses in Montezuma findet man auf der Nicoya-Halbinsel oft.

## DIE BESTEN SURFSPOTS

**Playa Naranjo**
Der Strand rund um den »Hexenfelsen« (Roca Bruja) in Playa Naranjo hat vor allem nach der Surf-Doku »The Endless Summer« einen richtigen Aufschwung erlebt.

**Playa Avellana**
Der Spot gilt als Geheimtipp unter den Profis. Man muss allerdings viel Surf-Erfahrung mitbringen, um diesen Wellen gerecht zu werden.

**Playa Guiones**
An nahezu 300 Tagen im Jahr finden Wellenreiter hier beste Voraussetzungen, um das Board zu betätigen. Allerdings ist meistens nur Fortgeschrittenen das Surfen erlaubt.

**Playa Santa Teresa**
Dieser Ort ist ausgestattet mit Surf-Camps, Surf-Schulen und -Geschäften. Besonders Anfänger kommen hier auf ihre Kosten und genießen die lässige Atmosphäre.

**Dominical**
Es ist so ein Platz, an dem sich alles um das Surfen dreht, und das nicht ohne Grund. Die Bedingungen sind perfekt! Dominical wurde auch in dem Surf-Epos »The Endless Summer« (1966) verewigt. Allerdings gibt es oft Bedingungen, die fortgeschrittenes Surfkönnen erfordern.

**Puerto Viejo (Salsa Brava)**
Schlafen in der Hängematte, Reggaemusik aus den Lautsprechern und karibisch-bunte Farben an den Häusern – Puerto Viejo ist einer der besten Strände an der karibischen Seite, um aufs Brett zu steigen und mit den Wellen zu spielen.

Nordwesten, Nördliches Hochland & Nicoya-Halbinsel

# SURFEN

Von April bis August ist an der Pazifikküste Hochsaison für Surfer: Dann steht der Wind günstig und die besten Wellen rollen an den Strand. Während der Trockenzeit weht der Wind vom Land aufs Meer, Bedingungen, die Surfern ein Glänzen in den Augen verschaffen. Die Zahl der Orte für Surfer ist groß und zieht sich fast die ganze Küste der Halbinsel Nicoya entlang, dennoch gibt es zwischendrin immer wieder Zentren, in denen sich die Wassersportler sammeln. Etwa im Norden von Tamarindo. Dort befindet sich der Hotspot für Surfer: Playa Grande. Sie schätzen vor allem die schnellen, steilen Wellen. In Santa Teresa und Mal País kommen sowohl Anfänger als auch Profis auf ihre Kosten. Aber auch Playa Guiones, Playa Jacó, Playa Manzanilla, Cabo Mantapalo und Pavones zählen zu den wichtigen Orten, in denen die Surfer von Tube Rides und der perfekten Welle träumen.

**Marbella (oben), Playa Grande (links oben) und Playa Teresa (links unten) sind nur drei der Top-Surfspots in Costa Rica.**

Nordwesten, Nördliches Hochland & Nicoya-Halbinsel

## PENÍNSULA DE NICOYA
# REFUGIO DE FAUNA SILVESTRE CURÚ

Jahrelang wurden sie maßlos unterschätzt: Mangrovenwälder fielen Sägen und Shrimpfarmen zum Opfer. Dass sie eine wichtige Rolle im Klimaschutz und als Kohlenstoffspeicher haben könnten, kam den Menschen in den 1960er-Jahren noch nicht in den Sinn. Werden diese Wälder abgeholzt, wird eine enorme Menge an klimaschädlichen Gasen freigesetzt. In Curú sind die Mangrovenwälder heute geschützt. Das knapp 1500 Hektar große Gelände ist einst privates Farmland gewesen, jetzt ist es größtenteils als Naturschutzgebiet ausgewiesen. Vor allem auch, um Tieren ein wichtiges Rückzugsgebiet zu geben, wenn sie sich vom Meer auf den Weg ins Landesinnere machen. Mehr als 230 Vogelarten werden im Curú-Schutzgebiet gezählt, darunter viele Papageien- und Reiherarten. Zu den seltenen Säugetieren gehören Ozelots, Kapuzineräffchen oder Pumas.

**Links: Wanderpause. Oben: Halsbandarassari. Rechts: Weißkopfaffen, Nacktkehlreiher, Weißrüssel-Nasenbär.**

Nordwesten, Nördliches Hochland & Nicoya-Halbinsel

## PENÍNSULA DE NICOYA
# RESERVA NACIONAL ABSOLUTA CABO BLANCO

Es hätten auch Felder werden können, Agrarland, auf dem Salz gewonnen oder Shrimps gezüchtet werden. Baumlos und auch ein wenig seelenlos. Doch die skandinavischen Umweltaktivisten Karen Mogensen and Nicolas Wessberg wollten in den 1960er-Jahren nicht zusehen, wie Teile des Regenwaldes in Cabo Blanco gerodet wurden und setzten sich für den Schutz des Gebietes ein. Es war Costa Ricas erstes Reservat und durfte viele Jahre lang nicht betreten werden. Cabo Blanco heißt das Gebiet übrigens, weil der vorgelagerte Felsen vom weißen Kot der Vögel übersät ist. Vor allem Braunpelikane, Fregattvögel und Brauntölpel leben dort. Ameisenbären, Halsbandpekaris und Baumhörnchen streifen durch die Wälder, die zum Glück in ihrem wilden Wuchs erhalten blieben. Es gibt einige Wanderwege durch den Nationalpark und am Ende lockt ein Kiesstrand zum Abkühlen.

**Weißbauchtölpel (links) und Halloweenkrabbe (rechts unten) leben hier. Rechts oben: Sonnenuntergang am Strand.**

# PAZIFIKKÜSTE & SÜDEN

Costa Rica ist touristisch gut erschlossen. In manchen Gegenden vielleicht sogar zu gut. In Puntarenas allerdings brauchen Liebhaber unberührter Natur keine Angst vor überlaufenen Stränden, überteuerten Bars und aggressiv beworbenen Ausflügen zu haben. Dort herrscht weitestgehend Zurückhaltung, weil die Hotel- und Lodgebesitzer es gar nicht nötig haben, übertrieben auf sich aufmerksam zu machen. Stattdessen dominieren sanfter Ökotourismus, fast menschenleere wunderschöne Strände und die mittelamerikanische Wildnis. Große Flächen geschützter Gebiete können nur in Ausschnitten durchstreift werden und lassen so der hiesigen Flora und Fauna sehr viel Raum, sich ursprünglich zu entfalten. Natürlich gibt es auch in Puntarenas touristische Hotspots wie die Hauptstadt selbst, die Hafenstadt Caldera oder das Surferörtchen Dominical. Aber dazwischen findet sich sehr viel Raum, der es bislang trotz seiner touristischen Anziehungskraft geschafft hat, etwas von seiner alten Würde und Wildheit zu bewahren. Vor allem die Osa-Halbinsel und der Golfo Dulce, aber auch die mit dichtem Regenwald bewachsene Kokosinsel wirken an manchen Stellen paradiesisch unberührt. Hier wurden rechtzeitig Naturschutzprogramme gestartet, um eine Artenvielfalt zu erhalten, die vielerorts verloren gegangen ist. Auch der bekannteste Nationalpark des Landes, Manuel Antonio, liegt in Puntarenas.

**Ein Souvenirladen in Cebadilla, Puntarenas, stellt dieses bunte Wandgemälde mit Dschungeltieren aus.**

Pazifikküste & Süden

# PARQUE NACIONAL CARARA

Dieser ist der nördlichste intakte pazifische Regenwald in Costa Rica und liegt in der Übergangszone zu den tropischen Trockenwäldern des Nordwestens. Wegen seiner Nähe zur Hauptstadt ist er auch einer der am meisten besuchten Nationalparks des Landes. Carara ist vor allem bei Ornithologen beliebt. Fauna und Flora gedeihen hier in großer Zahl: Affen, Faultiere, Opossums, Wickelbären, Gürteltiere, Nabelschweine, Wasservögel, Krokodile, Boas, aber auch Ozelots, Jaguare und Weißwedelhirsche leben im Nationalpark. Selbst seltene Spezies wie der Hellrote Ara, der Glanzvogel und der Trogon können gesichtet werden. Die beste Zeit für eine Tour durch den Wald ist im März und April, denn dann regnet es wenig und auch die Mücken sind nicht ganz so lästig wie zu anderen Jahreszeiten.

**Amerikanischer Schlangenhalsvogel, Totenkopfaffe, Weißrüssel-Nasenbär (links), Rosenberg-Laubfrosch (oben) und Würgefeigen (rechts) sind Beispiele der üppigen Tier- und Pflanzenwelt.**

### REPTILIEN IM RÍO TARCOLES

Der Río Tárcoles, auch Río Grande de Tárcoles genannt, entspringt in dem vulkanischen Gebirgszug der Cordillera Central, in dem es vier große Vulkane gibt:

Poás (2708 Meter), Barva (2906 Meter), Irazú (3482 Meter) und Turrialba (3340 Meter). Der über 100 Kilometer lange Fluss ist Heimat verschiedener Reptilien. Spitzkrokodile, Kaimane, Helmbasilisken und Leguane leben hier in großer Zahl, und auch einige Watvögel haben sich an den Ufern niedergelassen. Eine der Brücken, die über das Gewässer führt, wird gemeinhin nur »Krokodilsbrücke« genannt, da sich von hier die vielen prächtigen Panzerechsen in freier Wildbahn in dem eher trüben Fluss gut beobachten lassen. Von dort ist auch der Nationalpark Carara nicht weit entfernt.

Pazifikküste & Süden

# PUNTARENAS

Wer Badefreuden sucht, ist hier goldrichtig. Die Strände von Puntarenas, frei übersetzt »sandige Stellen«, sind beliebt – vor allem bei den Bewohnern des nicht weit entfernten San José, die hier oft ihre Wochenenden verbringen. Der Golfo de Nicoya, in dem auch einige Inseln und Eilande liegen, ist ein Bade- und Naturparadies erster Güte. Aber auch Kultur- und Geschichtsinteressierte kommen in der Stadt Puntarenas auf ihre Kosten. Lange war sie wichtigster Hafen der Gegend und dient bis heute dem Fischhandel. Alte Häuser und Kirchen zeugen vom Reichtum, den der Fischfang einst brachte. Heute machen Fähren und Kreuzfahrtschiffe im Hafen halt. Am Paseo de los Turistas befinden sich nette Cafés und exzellente Fischrestaurants. Die Stadt wartet auch mit bunten Festen auf wie dem Carneval im Februar/März, der Fiesta del Virgen del Mar im Juli oder der Festejos Populares im November. Konzerte und Ausstellungen komplettieren das kulturelle Angebot.

**In der Hafenstadt Puntarenas sind viele Häuser bunt gestrichen (großes Bild) und auch einige alte Häuser am Wasser sind noch erhalten (oben links). Auf dem Markt kann man Kaffee und Produkte aus der Region erstehen (oben rechts).**

Pazifikküste & Süden

# QUEPOS

Wüssten die ungezählten tropischen Fische vor der Küste von Quepos, dass hauptsächlich sie es sind, die jährlich zahlreiche Hochseefischer in den kleinen Hafenort locken, würden sie sich vielleicht ein anderes Gewässer suchen. Doch die riesigen Speerfische (Marline), ob nun gestreift, blau oder schwarz, und die schönen Schwertfische wissen nichts von ihrem Geschick und tummeln sich unbekümmert in den blauen Tiefen vor Quepos. Der frühere Bananenexporthafen hat sich nach dem pilzbedingten Niedergang der Bananenzucht zum touristisch gut erschlossenen Hafenstädtchen entwickelt. Es verbindet den unscheinbaren Charme eines in die Jahre gekommenen kleinen costaricanischen Wirtschaftsstandortes mit den Annehmlichkeiten eines modernen Hafens und diverser neuer Restaurants und Geschäfte. Kein Idyll, aber ein guter Ausgangspunkt für Ausflüge aller Art, zum Beispiel in den nahe gelegenen Nationalpark Manuel Antonio.

**Wickelröcke (Sarongs) werden auf einem Markt am Eingang zum Nationalpark Manuel Antonio verkauft (großes Bild). In Quepos geht es recht ruhig zu; man trifft sich nachmittags in Bars und unterhält sich mit den Nachbarn (kleine Bilder).**

Pazifikküste & Süden

# PARQUE NACIONAL MANUEL ANTONIO

Die Stadt Puntarenas ist ein guter Ausgangspunkt, um den Nationalpark Manuel Antonio zu besuchen. Er ist mit einer Fläche von nur sieben Quadratkilometern der kleinste des Landes, aber einer der beliebtesten, denn hier gibt es feine weiße Sandstrände und malerische Badebuchten mit türkisblauem Wasser. Man hat zwar 350 Pflanzen-, 109 Säugetier- und 184 Vogelarten nachgewiesen, zu sehen bekommt man aber neben den vielen Pflanzen vor allem Seevögel wie Braunpelikane, Krabbenreiher und kleinere Singvögel sowie Eidechsen und Schwarze Leguane. Den besten Überblick über den gesamten Nationalpark erhält man vom Aussichtspunkt (Span. »mirador«), zu dem ein markierter Wanderweg führt.

**Die Idylle aus dicht bewachsenen unbewohnten Inselchen und nahezu menschenleeren Strandabschnitten wird selbst durch den Besuch einer Waschbärenfamilie nicht gestört (rechts). Oben: ein Helmbasilisk. Rechts: Bäume in der Nähe der Playa Linda.**

Pazifikküste & Süden

# TRADITIONELLE GERICHTE

Wer nach Costa Rica reist, wird auf jeden Fall auf Gallo Pinto treffen, den »gefleckten Hahn«. Das Gemisch aus Reis und schwarzen Bohnen mit Zwiebeln wird schon zum Frühstück serviert, dazu gibt es Kochbananen, Tortilla und Ei. Schwarze Bohnen sind auch Hauptbestandteil der Sopa Negra, einer landestypischen Suppe. Und da Reis und Bohnen die Grundnahrungsmittel schlechthin sind, wird mittags sehr oft Casado serviert. Das Gericht unterscheidet sich vom Gallo Pinto dadurch, dass Reis und Bohnen getrennt serviert werden und meist ein Stück Fleisch danebenliegt. Natürlich fehlen in einem Land mit einer über 1000 Kilometer langen Küstenlinie Fischgerichte nicht auf der Karte: Ceviche Tico, ein rohes Weißfischfilet auf Salat in einer Marinade aus Limonen, Chili, Tomaten und Zwiebeln, lässt die Herzen von Fischliebhabern höher schlagen.

**Casado (oben), Gallo Pinto und Empanadas (gefüllte Teigtaschen, rechts) sollte man unbedingt verkosten.**

## GAUMENFREUDEN

Costa Rica ist übersät mit Restaurants und Street-Food-Bars aus aller Welt, in sämtlichen Geschmacksrichtungen, Preisklassen und Lagen – am Strand, im Regenwald, an verkehrsreichen Straßen. Am Schönsten ist es, wo Einheimische und Gäste gleichermaßen gern speisen.

### La Luna
Man weiß gar nicht, was beeindruckender ist: die Gerichte oder das Ambiente.
Km 2,7 Carretera Quepos, Manuel Antonio

### Marlin Restaurant
Einheimische Küche gibt es hier, man muss aber Glück haben, einen Platz zu ergattern.
Hauptstraße, zwischen der Bushaltestelle und dem Strand, Manuel Antonio

### El Pescado Loco
Richtig gute Tacos, mit und ohne Fisch. Familienfreundlich, frische Zutaten, ein von Kanadiern betriebenes Kleinod.
Main Street La Plaza De Dominical, Dominical

### Los Laureles
Wohlschmeckende und schön angerichtete einheimische Küche in enorm gastfreundlicher Umgebung.
400 Meter östlich der Banco de Costa Rica, Uvita

### Maxi's Restaurant
Dieses ist das wohl bekannteste Restaurant in Manzanillo. Landestypische Gerichte vom Feinsten.
Manzanillo

Pazifikküste & Süden

# DOMINICAL

Bevor das Surfbrett erfunden wurde, waren es Fischer, die in dem kleinen Örtchen siedelten. Mit dem Erstarken einer internationalen Surfsport-Szene hat Dominical eine neue Bestimmung gefunden. Denn an diesem Strand findet zum richtigen Gezeitenpunkt fast jede Welle jemanden, der sie zu schätzen weiß. Die Lage sorgt fast das ganze Jahr hindurch für wunderschöne Wellen aller Formen und Brechungsqualitäten. Ob mit kurzen oder langen Boards, als Anfänger oder Fortgeschrittener, in Gruppen oder allein, es ist jedes Bedürfnis berücksichtigt. Surfschulen bieten ihre Dienste an. Die Unterkünfte decken das ganze Spektrum der Zahlungsfähigkeit ab. Nicht alle Witterungen sind ungefährlich, es kann an einigen Punkten zu starken Strömungen kommen. Doch meist zeigt sich das Meer bei Dominical surferfreundlich.

**In den letzten Sonnenstunden des Tages aufs Surfbrett – Dominical bietet dafür traumhafte Bedingungen. Rechts oben: Marino-Ballena-Nationalpark.**

### ABSTECHER ZUM NAUYACA-WASSERFALL

Der Nauyaca-Wasserfall gehört zu den Naturschönheiten, bei denen einfach alles zu stimmen scheint. Über zwei Kaskaden

ergießt er sich in ein klares Naturbecken, in dem sich wohl Waldnixen tummeln würden, wären nicht immer wieder menschliche Badende in dem idyllischen Gewässer zu finden. Leider sind keine Überlieferungen der indigenen Stämme aus der Gegend erhalten. Die noch heute zu erahnende Heiligkeit des Ortes wäre sonst greifbarer. Doch auch ohne Geschichten entfaltet der Wasserfall seinen Zauber. Eine Besonderheit sind die geführten Pferdetouren, die ihn zugänglich machen. Wer wandert, braucht festes Schuhwerk.

Pazifikküste & Süden

# PARQUE NACIONAL LOS QUETZALES

Der kleine magische Vogel mit den zur Zeit der Partnerfindung lasziv durch die Wipfel gleitenden langen Schwanzfedern galt schon den indigenen Stämmen als Ausdruck göttlicher Machtfülle. Quetzale wurden nicht getötet, doch die schimmernden Schwanzfedern dienten als Kopfschmuck der Stammes-Priester. Im knapp 5000 Hektar großen jüngsten Nationalpark Costa Ricas können die wie Juwelen in tiefem Rot und Türkis leuchtenden Vögel mit ein wenig Glück in freier Wildbahn beobachtet werden. Wenn in der Morgendämmerung ihr markantes Rufen ertönt, während das nächtliche Grau allmählich in sanftes Rosa übergeht, lässt sich für einen Augenblick vergessen, wie gefährdet das Leben vieler Arten der Nebelwälder ist. Der unscheinbare Hämmerling brütet in der geschützten Bergregion, auch diverse Kolibris wie der Violettdegenflügler und das Kupferköpfchen.

**Bildleiste: Halsband-Waldsänger, Eichelspecht, Bluttangare, Quetzal. Rechts: Bolivianische Fuchsie.**

Pazifikküste & Süden

# PARQUE NACIONAL MARINO BALLENA

Wie eine Walflosse formt sich der Strand des Marino Ballena bei Ebbe. Und als legte die Natur hier Wert auf Entsprechungen, ist er von Dezember bis April ein wunderbarer Ausgangspunkt, um Buckelwale zu beobachten, die in den wärmeren Gefilden des Pazifiks ihre Kinderstube eröffnen. Dazu gilt es allerdings, die Gezeiten im Blick zu behalten. Der Whale Trail ist tatsächlich nur bei Ebbe zugänglich. Im Spätsommer kann zum richtigen Zeitpunkt noch ganz anderer Nachwuchs beobachtet werden. Oliv-Bastardschildkröten und Unechte Karettschildkröten legen zu nächtlicher Stunde ihre Eier im Sand ab. Da der Park kaum kontrolliert ist, haben Besucher die Selbstverantwortung, keinen Schaden durch übereifrige Beobachtungsversuche anzurichten. Auf Gepäck muss im Park übrigens verstärkt geachtet werden, ein Nebeneffekt seiner schwachen Infrastruktur.

**Zu den Bewohnern des Parks gehören Rosttäubchen, Musa velutina und Gemeiner Schwarzleguan (rechts).**

## AUSFLÜGE AUFS MEER

**Wale und Delfine beobachten**
Mit Booten lässt sich in kleinen Gruppen aufs Meer hinausfahren, um die majestätisch durchs dunkle Blau gleitenden

Buckelwale zu beobachten. Manchmal zeigen sich sogar Mütter mit ihrem Nachwuchs. Auch verspielte Delfine freuen sich über den Besuch und kommen oft neugierig bis an die Boote heran.

**Die Unterwasserwelt erkunden**
Es gehört nicht zu den Top 20 der Schnorchelparadiese weltweit, aber das Korallenriff vor Marino Ballena lohnt trotzdem einen Abstecher. Grazil tanzen die Seefächer mit den Bewegungen des Meeres, Korallenfischschwärme bezaubern durch Farben und Formationen.

Bahia Ballena, Uvita 1005
www.bahiaaventuras.com

Pazifikküste & Süden

# FIESTA DE LOS DIABLITOS

Während andernorts Raketen abgefeuert werden, steht der Start ins neue Jahr in Boruca ganz im Zeichen einer Legende: dem Sieg der Borucas über die Spanier im 16. Jahrhundert. Mit wilden selbst geschnitzten und bemalten Masken triumphieren die Boruca seitdem Jahr für Jahr über die sonst so übermächtig gewesenen Kolonisatoren. Spanien, ein Dorfbewohner im Stierkostüm, wird nach drei Tagen Kämpfen und Tanzen symbolisch getötet. Das »Fest der kleinen Teufel« hat am 30. Dezember seinen Auftakt und dauert bis zum 2. Januar, dem Höhepunkt der Zeremonie. Es ist keine touristische Veranstaltung, sondern dient dem Erhalt und der Stärkung der Boruca-Gemeinschaft. Der indigene Stamm lebt in einem Reservat und versucht, die alten Bräuche und Sitten lebendig zu halten. Etwa 2000 Menschen gehören dem Stamm heute an.

**Die originellen Holzmasken sind mittlerweile zu einem Markenzeichen Costa Ricas geworden.**

# PALMAR SUR

# PENÍNSULA DE OSA
# BAHÍA DRAKE

Es gibt noch viele ungelöste Rätsel auf der Welt. Die aus magmatischem Gestein bestehenden präkolumbischen Steinkugeln (Sphären) bei Palmar Sur gehören dazu. Wie von spanischen Eroberern beschrieben wurde, dienten sie offenbar kultischen Zwecken. Doch leider sind die indigenen Kulturträger so schnell und umfassend dezimiert worden, dass die Herstellungsweise, der Transport und die Aufgabe dieser Sphären in den Tiefen eines kulturellen Gedächtnisses verschwunden und nicht schriftlich fixiert sind. Archäologen konnten zwar viele der bis zu 15 Tonnen schweren Gabbro-Kugeln analysieren, doch anders als zu den indigenen Diquís sprechen diese zu uns nicht. Eine spanische Überlieferung aus dem 16. Jahrhundert jedenfalls berichtet, dass sich Stammesobere im Vierjahres-Turnus um die Steine versammelt hätten, um Ratschläge von diesen zu erhalten.

**Die über 300 Steinkugeln, die man in ganz Costa Rica gefunden hat, sind seit 2014 UNESCO-Weltkulturerbe.**

Menschenleerer Sandstrand, sanft wogendes blaues Meer, Regenwald, in dem sich Faultiere, Brüllaffen, Tukane, Kolibris und Schmetterlinge in allen Farben tummeln – die Bahía Drake, an der vor über vierhundert Jahren Sir Francis Drake zwischengelandet sein soll, um seine Süßwasserreserven aufzufüllen, ist fast zu schön, um wirklich zu existieren. Entlang der Küste lässt sich zum Corcovado-Nationalpark wandern, begleitet vom Gesang, Geschrei und Gekrächz aus dem Wald und den leise murmelnden Wellen des Pazifiks. Versteckt hinter den Baumwipfeln befinden sich diverse Öko-Lodges, die größtenteils nur per Boot und zu Fuß zu erreichen sind. Sie fügen sich harmonisch ein in das Ensemble und erlauben Urlaub mitten in einer intakten Natur. In dieser Bucht bewährt sich das costaricanische Prinzip, auf Naturerhaltung statt Ausbeutung zu setzen.

**Einen Sonnenuntergang in der Bahía Drake zu beobachten, gehört zu den schönsten Erlebnissen der Gegend.**

Pazifikküste & Süden

# PENÍNSULA DE OSA

Heiß und feucht ist es hier, aber auch abenteuerlich und bezaubernd. Der Großteil der im Südwesten Costa Ricas gelegenen Halbinsel wird vom Corcovado-Nationalpark eingenommen oder ist anderweitig geschützt. Auf diesem erstaunlichen Fleckchen Erde wimmelt es nur so von Tieren und Pflanzen aller Art. Die Halbinsel zählt zu den Anlaufstellen für Naturliebhaber, die es einsam, wild und intensiv mögen. Von den ca. 6000 gefundenen Insektenarten des weltweit größten in seiner ursprünglichen Pracht erhaltenen Tiefland-Regenwaldes seien die riesigen Eulenfalterarten erwähnt, die bei einer geführten Nachttour bewundert werden können. Nachts ist die Welt ohnehin eine andere: Geräusche und Gerüche werden noch intensiver wahrgenommen, selbst das Huschen einer jagenden Brasilianischen Wanderspinne ist dann hörbar.

**Hier leben Hellroter Ara (rechts), Nördlicher Tamandua, Weißschulter-Kapuzineraffe, Mittelamerikanischer Totenkopfaffe und Weißkehl-Faultier (Bildleiste).**

Im Regenwald auf der Osa-Halbinsel dringen die letzten Sonnenstrahlen durchs Grün, bevor die Nacht hereinbricht.

Pazifikküste & Süden

# PENÍNSULA DE OSA
# PARQUE NACIONAL CORCOVADO

Dieses Schutzgebiet besticht durch seine Lage, denn es umfasst die einsamen, weitläufigen Strände des Pazifiks genauso wie undurchdringlichen Regenwald im Hinterland, Mangrovenwälder und Süßwassersumpfgebiete. Der gesamte Nationalpark wird von Experten in 13 verschiedene Ökosysteme unterteilt. Kaum anderswo findet man so viele Tier- und Pflanzenarten auf einmal. Hier leben die größten Roten Aras und es gedeihen die dschungeltypischen Riesenbäume, die bis zu 80 Meter in den Himmel wachsen und über zwei Meter dicke Stämme aufweisen können. So etwa der Kapokbaum: Markant sind seine hohen, frei über dem Boden liegenden Brettwurzeln und seine hellgelben kleinen Blüten, die sich direkt an den Zweigen entfalten. Zum Wachsen benötigt er die reichen Niederschläge des Regenwalds.

**Tigerkatzen (oben) bekommt man äußerst selten zu sehen, Tapire (rechts) dagegen schon eher. Rechts oben: Sonnenaufgang bei Lapa Ríos.**

Pazifikküste & Süden

# RESERVA BIOLÓGICA ISLA DEL CAÑO

Das nur 300 Hektar große Eiland vor der Osa-Halbinsel gilt als bezaubernde Anlaufstelle für Schnorchel- und Tauchliebhaber. Schon die Anfahrt auf einem der Boote von der Drake-Bucht aus mit dem leise tuckernden Motor, den lebhaften Erklärungen der Guides, den dunklen Schatten der Buckelwale unter der Meeresoberfläche und dem hohen keckernden Rufen der Delfine, die sich wie eine Kinderschar um die unbeholfenen Holzschalen drängen, lohnt sich. Unter Wasser warten unzählige Weißspitzenriffhaie, die zumeist träge und unbeeindruckt von den tauchenden Eindringlingen knapp über dem Meeresboden verharren. Auch Riesenmantas gleiten majestätisch vorüber. Bunte Korallenfischschwärme tänzeln entlang des Riffs. Die Insel war außerdem eine indigene Grabstätte. Es lassen sich auch hier einige der alten geheimnisvollen Stein-Sphären besichtigen.

**Wer hier schnorchelt oder taucht, begegnet vielleicht einem Schwarm Schnapper (Lutjanus inermis).**

Pazifikküste & Süden

# GOLFO DULCE

Im »süßen Golf« gebärt jährlich eine stattliche Anzahl Buckelwalmütter ihren Nachwuchs. Doch es sind nicht die süßen Walbabies, die dem Golf zu seinem Namen verholfen haben. Das von diversen Flüssen Costa Ricas gespeiste Wasser ist schlichtweg nicht so salzig wie das des restlichen Pazifiks. Sensible Mangrovenwälder säumen die Mündungen der sich in den Golf ergießenden Flüsse wie den Río Esquinas. Es formen sich einzigartige Ökosysteme in dieser Umgebung. Die stark gefährdete blassgrüne Mangrovenamazilie hat hier ihren Rückzugsort. Acht Schildkrötenarten fühlen sich im Golfo Dulce zu Hause, darunter auch die seltenen Echten Karettschildkröten. Auch Wal- und Hammerhaie gehören zu seinen Bewohnern. Mehr als 25 Wal- und Delfinarten schauen jedes Jahr vorbei. Aber keine Artenliste kann das eigene Erleben der Schönheit des Golfes ersetzen.

**Links: Bucht von Golfito, Golfo Dulce, Puerto Jiménez. Oben: Mangroven. Rechts: Kuhreiher.**

## KAYAKING

Jede Art der Fortbewegung erzeugt ihre eigenen Bande zwischen Mensch und Natur. Kayaking gehört zu den langsamen und sehr unmittelbaren Formen der

Kontaktaufnahme mit den Elementen, den Pflanzen und Tieren einer Gegend. In den kleinen übers Wasser tanzenden Gefährten verliert sich jeder Hochmut und ein großes Staunen über die Majestät der Natur breitet sich aus. Viele Hotels und Lodges, aber auch private Anbieter in Costa Rica, bieten geführte Kajak-Touren in den Golfo Dulce, zu den Mangrovenmündungen und entlang der Flüsse an, ob als Familie, Pärchen, allein oder in einer Gruppe.

www.aventurastropicales.com,
www.tropicalseakayaking.com/tropical-sea-kayaking

Pazifikküste & Süden

# PARQUE NACIONAL PIEDRAS BLANCAS

Wie fast überall entlang der Küste des Golfo Dulce sollte auch bei Ausflügen in den Regenwald des Piedras-Blancas-Nationalparks auf gutes Schuhwerk geachtet werden. Und wer sich mit bloßen Händen an Stämmen festhält, sollte ebenfalls höchste Aufmerksamkeit walten lassen. Nicht nur einige giftige Frösche wie der Golfo-Dulce-Pfeilgiftfrosch bevölkern den Park. Auch Korallenottern leben hier und gefährliche Spinnen wie die Brasilianische Wanderspinne. Entlang des Río Esquinas gleiten Kaimane lautlos ins Wasser, wenn sich eine Menschengruppe nähert. Der Park verfügt über kein offiziell ausgebautes Wegnetz und wird aufgrund seiner Unberührtheit für Auswilderungsprojekte genutzt. Nur auf schmalen Pfaden lässt sich mit findigen Führern den Spuren der vielen Wildtiere folgen, wie den Jaguaren und Pumas, die selbst allerdings ungesehen bleiben.

**Perfekt getarnt ist der Cranopsis coniferus, eine Krötenart. 50 bis 70 Millimeter werden die Tiere groß.**

Pazifikküste & Süden

# SAN VITO

Eine der jüngsten Städte Costa Ricas ist das 1952 von italienischen Auswanderern gegründete San Vito zu Füßen des beeindruckenden Talamanca-Gebirges. Auffällig ist die freundliche und entspannte Atmosphäre des Ortes, ein wohlwollendes Selbstbewusstsein prägt die Kleinstadt. Wen es für einen kurzen oder längeren Aufenthalt hierher verschlägt, der fühlt sich schnell so, als besuche er entfernte Verwandte. Kaffeeplantagen säumen das wenig touristisch erschlossene Städtchen. Ein artenreicher und für wissenschaftliche Studien genutzter botanischer Garten (Wilson Botanical Garden) und ein gut gepflegter Park (Finca Cántaros) mit schönen Aussichtspunkten auf die Nebelberge laden zu einem Besuch ein. Die aus Panama eingewanderten traditionell lebenden Guaymí (Ngobe-Bugle) haben ein Reservat in der Nähe der Stadt, in dem indigene Erzeugnisse erworben werden können.

**San Vito lädt zu einem Besuch des botanischen Gartens der Wilsons ein.**

## LAS CRUCES BIOLOGICAL STATION & WILSON BOTANICAL GARDEN

Die kleine, aber mittlerweile international anerkannte Forschungsstation für

tropische Lebensräume nahe San Vito wurde 1962 von den Wilsons gegründet. Ihr botanischer Garten ist nur ein kleiner Teil des circa 300 Hektar großen Geländes, auf dem sich Wissenschaftler aus aller Welt treffen, um über die Gefährdungen tropischer Wälder und die Möglichkeiten der Wiederherstellung zerstörter Areale zu forschen. Die Station schützt 200 Hektar prämontanen Primär-Regenwald mit mehr als 400 Vogelarten, knapp 2000 Pflanzenarten und über 100 Säugetierarten. Es werden viele Führungen und Projekte angeboten.

Highway 237, San Vito
www.ots.ac.cr

## DIE BESTEN TAUCH- UND SCHNORCHELSPOTS

**Santa-Catalina-Inseln**
Eine beliebte Anlaufstelle für geübte Taucher sind die von der Playa Flamingo

aus gut zu erreichenden Catalina-Inseln in der Region Guanacaste, wo vor allem Gruppen von majestätischen Riesenmantas und anderen Rochen die Aufmerksamkeit auf sich ziehen.

**Tamarindo**
Eigentlich dominieren Surfer das Gewässer in Guanacaste. Zu den besonderen Highlights gehört allerdings auch ein Snuba-Dive-Trip, die neue Kombination aus Schnorcheln und Scuba-Diving.

**Caño-Insel**
Die vom Corcovado-Nationalpark mitgeschützte Insel zählt zu den schönsten Tauch- und Schnorchelspots Costa Ricas.

Pazifikküste & Süden

# TAUCHEN

Die Menschen lassen sich grob in zwei Gruppen einteilen: Taucher und Nicht-Taucher. Wer zu Ersterer gehört, bekommt ein bestimmtes Glitzern in den Augen, wenn es um die Welt unter Wasser geht, um die Stille und Anmut am Meeresgrund, um die Schönheit von Korallen. Die Faszination schillernder Fischschwärme, die in ihren präzisen Bewegungen ein Ganzes zu bilden scheinen. Costa Rica hat für Taucher einiges zu bieten. Nicht nur die vielen Wale und Haie, Meeresschildkröten und riesigen Mantas locken. Sondern das Zusammenspiel von Festland und Unterwasserwelt macht den Reiz aus. Viele schöne Tauchstellen liegen ganz in der Nähe von Traumbuchten. Die Pazifikküste ist für Anfänger und Fortgeschrittene in gleichem Maße verlockend. Manche Plätze sind aufgrund stärkerer Strömungen und rauerer Oberflächenbedingungen nur für erfahrene Taucher geeignet.

**Bogenstirn-Hammerhai, Echte Karettschildkröte, Anglerfische (rechts) und Schnapper (links) können beobachtet werden.**

Pazifikküste & Süden

# ISLA DEL COCO

Als einzige ostpazifische Insel ist die Kokosinsel mit tropischem Regenwald bedeckt. Weit vom Festland entfernt, konnte sich hier eine einzigartige Tier- und Pflanzenwelt mit vielen endemischen Spezies ausbilden. Die Legende will es, dass im 17. und 18. Jahrhundert Piraten auf der Kokosinsel ihre Schätze vergraben haben – bislang hat jedoch noch niemand eine Spur davon entdeckt. Dafür wartet die rund 550 Kilometer südwestlich der Küste Costa Ricas gelegene Insel mit Naturschätzen und tropischem Regenwald auf. Sie bietet ein abwechslungsreiches Panorama aus steil aus dem Meer aufragenden Felswänden, Wasserfällen und von Urwald bestandenen Gipfeln. Aufgrund der isolierten Lage entwickelten sich endemische Pflanzenarten wie etwa der Huriki-Baum oder die Cupei-Palme. Zudem kommen über 60 Insektenarten, zwei Reptilienarten und drei Vogelarten, darunter der Kokosinsel-Kuckuck, nur hier vor.

**Rechts: Rotfußtölpel und Ogcocephalus porrectus.**

# ZENTRUM & SÜDLICHES HOCHLAND

Die Maispfannkuchen schmoren in der Pfanne, der Kaffee duftet und mit etwas Glück gibt es auch noch einen frittierten Käse oder einen frisch gepressten Fruchtsaft: Das zentrale Hochland von Costa Rica dient nicht nur als Kornkammer, es ist gleichzeitig auch Speisesaal und Genussregion des Landes. Vor allem der Kaffee, der hier wächst, gehört zum Leben. Ob morgens als anregend starke Mischung oder nachmittags etwas milder, auf jeden Fall ist die traditionelle Brauart schon schmeckens- und sehenswert, denn das dunkelbraune Pulver kommt in eine Art Socke, die als Filter dient, und tropft von dort in die Kanne. Der Kaffee brachte Reichtum und ist bis heute ein bedeutender Faktor der Wirtschaft und des Alltags im zentralen Hochland. Und er brachte auch ein einzigartiges kulturelles Erbe hervor: Die bunten Ochsenkarren, die aus dieser Gegend nicht mehr wegzudenken sind, waren einst notwendig, um die schweren Kaffeesäcke vom Landesinneren bis an die Häfen zu transportieren.

Das Hochland hat noch mehr zu bieten: Seine Regenwälder sind einzigartige Refugien für Kolibris und Ozelots. Wenngleich die großen Tiere sich nicht immer zeigen, ist es manchmal viel besser, auf die kleinen zu blicken, etwa Schmetterlinge, die hier himmelblau schillern, oder Raupen, die giftige Härchen haben. Und das alles immer vor der Kulisse der Vulkane, die sich malerisch aus dem Regenwald erheben.

**Der Vulkan Poás liegt auf 2708 Meter Höhe. Seine Flanken dienen dem Kaffeeanbau.**

## NARANJO DE ALAJUELA

Wie mit dem Kamm durchzogen wirkt die Landschaft rund um Naranjo. Was dort in Reih und Glied an den Hängen der Berge wuchert, gehört zu den Spezialitäten des Landes: Schließlich soll, so sagen jedenfalls die Einheimischen, der beste Kaffee Costa Ricas aus ebendieser Region stammen. Obwohl sie sich nahe der Hauptstadt San José befindet, hat sie ihre ländliche Ruhe nicht verloren. Wer hier ist, startet den Tag mit einem frisch gebrühten Kaffee in einer der vielen Bars der Stadt, schlendert anschließend an der charakteristischen Kirche vorbei und bucht wahrscheinlich eine Tour zu den Kaffeeplantagen. Falls das alles zu langweilig ist: Es gibt auch Adrenalin-Abenteuer. Wie wäre es mit einem Bungee-Sprung von der Brücke? Oder einer kleinen Wanderung in die umliegenden Regenwälder? Es lässt sich überall eine Menge entdecken. Und irgendwann landet man doch wieder beim Kaffee.

**Die Basílica Nuestra Señora de las Piedades wurde 1924–1928 erbaut.**

## GRECIA

Wetter, das immer mild ist, nicht zu warm und nicht zu kühl – das ist einer der größten Vorzüge von Grecia (Span. für »Griechenland«). Die Stadt im Hochland von Costa Rica liegt sehr geschützt und ist nicht nur ideal für den Kaffeeanbau, sondern auch für Zuckerrohr und Ananas. Das brachte Reichtum ins Hochland und so leisteten die Einheimischen sich eine ganz eigenartige Kirche, die bis heute einmalig im Land ist: Sie ist aus vorgefertigten Stahlbauteilen errichtet. Diese kamen aus Belgien und wurden in harter Arbeit mit Ochsenkarren durch den Urwald gebracht, um 1897 mit dem Bau des skandinavisch rot aussehenden Gotteshauses zu beginnen. In seinem Inneren befindet sich ein Marmoraltar aus Spanien. Neben der Kirche ist die Schlangenfarm (World of Snakes) ein beliebtes Ausflugsziel der Stadt: Mehr als 50 verschiedene Vertreter von Nattern, Würge- und Klapperschlangen werden dort gezeigt.

**Die Fassade der Kirche Nuestra Señora de las Mercedes besteht aus Stahlblechen.**

## ALAJUELA

Große Mangobäume säumen die Straßen und werfen Schatten in den Zentralpark der Stadt. Nicht nur ältere Herren genießen diesen luftigen Raum unter den Bäumen für ein nachmittägliches Päuschen, auch Mütter und Kinder finden sich dort ein und halten ein Schwätzchen: Die Stadt Alajuela ist eher unspektakulär. Landesweit bekannt aber ist ein Sohn der Stadt: Juan Santamaría. Er war eigentlich nur Trommler der Armee, hat aber im Krieg gegen die einmarschierenden US-Amerikaner den entscheidenden Schachzug getan. Bei der Schlacht von Rivas im Jahr 1856 steckte er die gegnerischen Posten in Brand. Er kam dabei ums Leben, konnte aber den Vormarsch William Walkers stoppen und ist zum Nationalheld von Costa Rica geworden. Ein Museum erzählt von seinen Heldentaten. Sehenswert ist außerdem die Kathedrale der Stadt. Zudem bieten sich von Alajuela schöne Touren in den Regenwald an.

**Im Ortskern von Alajuela befinden sich einige lokale Fastfood-Restaurants.**

Zentrum & Südliches Hochland

# SARCHÍ

Sterne, Blumen, Ranken oder geometrische Muster wie die Blume des Lebens – wer nach Sarchí kommt, sollte auf bunte Farben gefasst sein, denn die Gemeinde ist Hauptstadt des Kunsthandwerks in Costa Rica. Von hier stammt die Idee, dass man die Ochsenkarren (»carretas«) bunt bemalen könnte. Inzwischen ist daraus ein ganz eigener Kunstzweig geworden. Vielleicht sogar mehr, eine Leidenschaft, die den Ort durchdringt und sich auf fast jeder Holzfläche austobt. Ob auf Straßenschildern, Haustüren oder Stühlen – schier überall leuchten die typisch knallig-bunten Muster. Das Atelier des Erfinders der bemalten Ochsenkarren befindet sich auch noch in der Stadt und heißt heute Fábrica de Carretas Joaquín Chaverri. Es ist neben der Plaza de la Artesanía Hauptanlaufstelle für Besucher. Sehenswert sind auch der botanische Garten und die Kirche im Zuckerbäckerstil.

**Bunte Kreise weisen den Weg in den schönen Templo Católico de Sarchí Norte (kleines Bild: der Innenraum).**

Zentrum &
Südliches Hochland

# BUNTE OCHSENKARREN

Ob als Kinderspielzeug oder auf der Postkarte – die bunten Ochsenkarren in Costa Rica sind nahezu omnipräsent. Über Jahrzehnte waren sie schließlich die einfachste und verlässlichste Methode, die schweren Kaffeesäcke aus dem Hochland zur Pazifikküste zu bringen. Die Wege waren holprig und vom Wetter mit Schlaglöchern oder Matsch versehen, sodass man rustikale Transportmittel wie den Ochsenkarren brauchte. Dass es nicht bei der normalen Holzausstattung blieb, begründet sich auf der Idee von Isidro Chaverri, der im Jahr 1903 die Räder seines Ochsenkarrens in den Nationalfarben des Landes bemalte. Es brach ein regelrechter Wettbewerb um die schönsten Bemalungen aus. Heute sind die bunten Ochsenkarren UNESCO-Weltkulturerbe. Zentrum dieser Kunst ist Sarchí. Im Park der Stadt befindet sich übrigens der größte Ochsenkarren der Welt.

**Ausgefallen und möglichst vielfarbig sollen sie sein, die Ochsenkarren. So sind sie fast zu schade für den Transport von Gütern.**

Zentrum &
Südliches Hochland

# FLORA

Von ihrem Namen geht etwas Bedrohliches aus: Würgefeige klingt nach einem botanischen Krimi. Und tatsächlich: Keimt ihr Samen auf dem Ast eines Baumes, bedeutet das dessen Todesurteil: Die Feige wächst schnell. Erreicht sie den Boden, beschleunigt sich ihr Wachstum und der Wirt wird erdrosselt. Mit ihren Lianen und den zerfurchten Stämmen bilden Würgefeigen dennoch ein malerisches Bild. Ansonsten zeigt sich die Fauna in den Regen- und Nebelwäldern Costa Ricas bunt und blühend mit Bromelien, Helikonien oder Orchideen. Auch die Blätter sorgen für Rekorde, etwa das Mammutblatt, das einen Durchmesser bis 1,80 Meter entwickeln kann. Hinzukommen die Blumenplantagen: Lilien und Rosen, die in Florida so manches Wohnhaus schmücken, stammen von hier, wo sie in mühevoller Arbeit gezüchtet werden.

**Hier gedeihen uralte Bäume (links), Banyan- und Würgefeigen (rechts), Fackel-Ingwer, Prächtiger Kostwurz, Helikonien und viele andere (Bildleiste).**

Zentrum &
Südliches Hochland

# FAUNA

Wenn man an der Hotelrezeption gebeten wird, richtig laut aufzutreten, wenn man sich abends auf den Weg ins Zimmer macht, dann weiß man: Es gibt sie wirklich hier. Schlangen gehören ebenso wie die flirrenden Kolibris, die von den Schamanen als Glücksboten angesehen werden, zu den typischen Tieren Costa Ricas. Die Fauna ist erstaunlich im Hochland und es lohnt sich, mit einem erfahrenen Guide auf Tour zu gehen: Ozelots lassen sich eher selten blicken, ebenso der Quetzal. Dafür aber Waschbären, Nasenbären, Katzenfrette und Leguane. Man sollte auch den Blick fürs Kleine nicht verlieren wie etwa für die leuchtend grünen Raupen mit giftigen Härchen. Am beeindruckendsten ist wohl ein Tier, das ganz klein und unscheinbar ist: die Blattschneideameise.

**Links: Colibri thalassinus, Gold-Waldsänger, Calliphlox bryantae, Halsbandarassari, Grünreiher; oben: Südamerikanischer Fischotter; rechts: Eidechse, Puma und Langschwanzkatze.**

### SPIROGYRA BUTTERFLY GARDEN

Wie ein zarter Windhauch umspielen sie plötzlich die Haut, bevor sie auf der Schulter oder dem Arm landen: Einem

Schmetterling derart nahe zu sein, gehört wohl zu den berührendsten Begegnungen in Costa Rica. Zu sehen, wie das Tier die Fühler ausstreckt und nach etwas zu essen sucht. Die Schmetterlingsgärten liegen etwa 20 Minuten von Costa Ricas Innenstadt entfernt. In den großen Volieren fliegen die Tiere frei umher und die Luft scheint in Regenbogenfarben zu flirren. Es lohnt sich, eine Führung zu besuchen, die nicht nur über die verschiedenen Arten aufklärt, sondern auch die Metamorphose anschaulich erklärt.

Calle 11, Haupteingang zum Centro Comercial El Pueblo, San José (gegenüber dem Zoologischen Garten Simón Bolívar)
www.butterflygardencr.com

Zentrum &
Südliches Hochland

# SAN JOSÉ

Die Entfernungen in Costa Rica sind nicht besonders groß, und so ist die Hauptstadt San José schnell erreicht. Etwa 340 000 Menschen leben hier, im Großraum sind es doppelt so viele, und damit ist San José auch die größte Stadt des Landes. Im Jahr 1755 wurde sie als Villa Nueva von spanischen Siedlern gegründet und blieb lange ein unbedeutendes Dorf, bis 1824 Präsident Juan Mora Fernández den Regierungssitz aus Cartago hierher verlegte. Der darauffolgende Aufschwung wurde ab 1840 noch durch den erfolgreichen Kaffeeanbau in der Region verstärkt. Da sich San José erst im 19. Jahrhundert so richtig entwickelte, fehlen hier die typischen spanischen Kolonialbauwerke. Zum Pflichtprogramm für Besucher gehören das Goldmuseum in der Zentralbank sowie das Nationalmuseum mit seiner umfangreichen historischen und archäologischen Sammlung zur Landesgeschichte.

**Großes Bild: der schöne Platz vor dem Nationaltheater Costa Ricas.**

Zentrum &
Südliches Hochland

# SAN JOSÉ
# TEATRO NACIONAL

Im Zentrum der Hauptstadt liegt ein klassizistischer Bau. Ein Kontrastpunkt zum Stadtleben, das von Hochhäusern, hektischer Berufstätigkeit und hupenden Autos gekennzeichnet ist. Doch schon beim Betreten des kleinen Vorgartens reisen die Menschen in eine andere Welt, erst recht, wenn sie in den Innenräumen die prächtigen Decken, Skulpturen und goldbesetzen Ornamente sehen. Das Nationaltheater ist Costa Ricas kultureller Stolz, es wurde im Jahr 1897 mit dem Goethe-Stück »Faust« eröffnet und sollte schon damals die wirtschaftliche Stabilität des Landes repräsentieren. Der neoklassizistische Stil ist teilweise so üppig, dass er an Barock erinnert, insbesondere im Foyer, das mit Statuen, u. a. von Ludwig van Beethoven, sowie prunkvollen Deckengemälden geschmückt ist. Vor allem die Vorstellungen mit dem Nationalen Symphonieorchester lohnen sich. Wer es zur Vorstellung nicht schafft, geht in das hübsche Theatercafé.

**Oben: Foyer des Teatro Nacional mit neoklassizistischen Statuen.**

Das Teatro Nacional wurde 1897 nach dem Vorbild der Opéra Garnier von Paris erbaut. So prunkvoll sind auch die Innenräume gestaltet.

Zentrum &
Südliches Hochland

# SAN JOSÉ
# MERCADO CENTRAL

Nordwestlich des Zentralparks erleben die Sinne ein wahres Fest: Es duftet nach Zitronen und Orangen, nach Gebäck oder deftigem Käse: Der zentrale Markt ist ein Konglomerat aus 200 Shops und Restaurants und so etwas wie das Herz der Stadt. Hier trifft man sich, wenn man gerade die Tomaten gekauft oder die Melone in der Hand hat. Der frische Kaffee gehört selbstverständlich dazu, aber auch exklusivere Ware wie etwa Taschen aus Schlangenleder oder Pflanzenmedizin der einheimischen Kräuterfrauen. Die Gassen zwischen den Ständen sind schmal und es kann schon mal zu Gedränge kommen. Die typischen Souvenirs dürfen ebenso wenig fehlen wie T-Shirts oder Schuhe. Wie so oft, sind manche der angebotenen Waren aber nicht von einheimischen Frauen produziert, sondern stammen aus China. Dem Charme des quirligen Lebens in den Markthallen aber tut das jedoch kaum Abbruch.

**Frisches Obst und Gemüse, Fisch, Fleisch und Gewürze werden hier verkauft.**

Zentrum &
Südliches Hochland

# SAN JOSÉ
# CATEDRAL METROPOLITANA

Ein Erdbeben hatte die alte Kirche in Schutt und Asche gelegt. Es musste im Jahr 1871 ein neues Gebäude errichtet werden, nachdem der Vorgängerbau von 1802 zerstört worden war. Dabei kam es zu einem Stilmix der besonderen Art: Griechisch-Orthodoxes wurde mit Neoklassizistischem und Barock vermengt und heraus kam ein prachtvolles Gebäude: die neue Catedral Metropolitana. Dass sie gut 100 Jahre nach ihrer Fertigstellung erneut einem Erdbeben zum Opfer fallen würde, ahnte niemand. Zum Glück war das Beben im Jahr 1991 nicht ganz so schlimm, das Gotteshaus musste nur neu stabilisiert und ausgebessert werden. Bei den Renovierungsarbeiten aber wurden Reste alter Gräber und Gebäude gefunden, die teilweise bis 300 v. Chr. zurückreichen. Im Inneren der Kathedrale befindet sich eine Orgel, die zu den besten in Mittelamerika zählen soll.

**Der Parque Central schließt gleich an die Kathedrale an (oben). Links: Innenraum, rechts: Buntglasfenster.**

## DIE BESTEN MUSEEN

### Nationalmuseum
### (Museo Nacional de Costa Rica)
Zur Sammlung gehören Ausstellungsstücke, die die Geschichte des Landes nahebringen, darunter Funde aus der Geologie und Archäologie der präkolumbinischen und der Kolonialzeit.
Cuesta de Moras
museocostarica.go.cr

### Goldmuseum
### (Museo del Oro Precolombino)
Zu den beliebtesten Museen der Stadt zählt das Goldmuseum. Es gehört zu den größten und wichtigsten Sammlungen seiner Art und zeigt übrig gebliebene Goldschätze aus der Zeit, bevor Kolumbus und andere Entdecker sich des südamerikanischen Goldes bemächtigten.
Calle 5, zwischen Central und Av 2
museosdelbancocentral.org/en

### Museum für Kunst und zeitgenössisches Design (Museo de Arte y Diseño Contemporáneo)
In einer alten Likörfabrik sind heute Kunst und Design untergebracht. Der Schwerpunkt der Sammlung liegt auf modernen Werken aus Costa Rica in Fotografie, Malerei oder Design.
Avenida 3, calle 15
www.madc.cr

### Jademuseum (Museo del Jade Marco Fidel Tristán Castro)
Ein grauer fensterloser Betonklotz ragt in die Höhe – dahinter verbirgt sich eine der wichtigsten und größten Sammlungen von Kunstwerken mit dem Edelstein, die es im amerikanischen Raum gibt.
Calle 13 y 13 bis, Provincia de, Av Central
www.museodeljadeins.com

Zentrum &
Südliches Hochland

# SAN JOSÉ
# MUSEEN

Als Hauptstadt ist San José auch kultureller Mittelpunkt des Landes. Das zentralamerikanische Land hatte lange Zeit den Ruf, kulturell zurückgeblieben zu sein. Vielleicht fehlten die Krisen, in denen sich Menschen durch künstlerisches Schaffen einen Kanal suchen, sich auszudrücken. Bis heute ist die Malerei von Gegenständlichkeit und Abbildungen der Landschaft geprägt. Dennoch zogen die modernen Einflüsse nicht spurlos am bäuerlichen Costa Rica vorbei und schlagen sich in zeitgenössischer Kunst nieder. Einige Museen zeigen diese Werke, ebenso wie andere Häuser sich auf Geschichtliches konzentrieren. Wer in San José ins Museum will, wählt etwa zwischen dem präkolumbianischen Museum oder dem Kindermuseum. Das Museum der Insekten gibt Einblicke in die Fauna und das costa-ricanische Kunstmuseum in die Schaffenskraft der bildenden Kunst.

**Im Nationalmuseum sind einige Stein-Sphären von Palmar Sur ausgestellt (links). Oben und rechts: im Goldmuseum.**

Zentrum & Südliches Hochland

# PARQUE NACIONAL BRAULIO CARILLO

Im Norden des Landes, unweit der Hauptstadt San José und westlich des heute inaktiven, fast 3000 Meter hohen Vulkans Barva gelegen, breitet sich der Nationalpark Braulio Carrillo aus. Um den Vulkan haben sich in den ehemaligen Kratern drei wunderschön gelegene Seen gebildet. Hier macht sich der Höhenunterschied von teils 1000 Metern in schwankenden Temperaturen bemerkbar. Ist es im Tal mäßig schwül-warm, kann es, je höher man kommt, bei Regen, der hier immer wieder fällt, schon empfindlich kühl werden. Zeigt sich dann aber wieder die Sonne durch die Wolken, wird es fast augenblicklich wieder heiß. Der Flachlandregenwald zeigt eine enorme Vielfalt auf engstem Raum: Epiphyten wachsen auf den Ästen, die von Moos umgeben sind, und jede Art schimmert in ihrem ganz eigenen Grün. Ebenso reich und bunt ist auch die hier vorkommende Fauna.

**Bildleiste rechts: Grüner Leguan (ganz oben und ganz unten), Passiflora vitifolia, Ramphocelus passerinii, Cithaerias pireta.**

Zentrum & Südliches Hochland

# ECO LODGES

Natur und Tourismus – immer wieder scheint dieses Paar eines der Gegensätze zu sein, vor allem, wenn es um Unterkünfte geht. Da werden Betonklötze in die Landschaft gebaut, um möglichst vielen Menschen eine bezahlbare Unterkunft zu ermöglichen. Jedenfalls ist es häufig so bei beliebten Destinationen. Nicht so in Costa Rica. Das Land bietet mit seinen vielfältigen Eco Lodges ein Paradebeispiel, dass man Hotels und Ferienhäuser auch ganz naturverbunden in die Landschaft integrieren kann. Die Baumaterialien sind oft aus der Gegend entnommen, Steine wie Hölzer stammen aus der Region, die Form passt sich in Gestalt und Bauhöhe der Umgebung an, fast wie Hütten der Einheimischen. Bei vielen Gebäuden wurde auch auf eine klimafreundliche Bauweise geachtet. Auch innen mangelt es meistens nicht an Komfort: WLAN ist genauso selbstverständlich wie stylische Badezimmer oder fließend in die Landschaft eingepasste Pools.

**Beim nachhaltigen Tourismus liegt Costa Rica mit seinen Öko-Lodges ganz vorn.**

## DIE SCHÖNSTEN LODGES

### Luna Lodge
Als hätte man Pilze zwischen die Bäume gesetzt, so wirken diese Bungalows.
www.lunalodge.com

### Blue River Resort
Heiße Quellen umgeben dieses Vier-Sterne-Haus in der Nähe des Vulkans Rincón de la Vieja.
www.blueriverresort.com

### Pura Vida Resort
Am Rande der Hauptstadt gelegen, ist das Resort eingebettet in Wiesen und Wälder. Es legt viel Wert auf Yoga und Spiritualität.
www.puravidaspa.com

### El Silencio Lodge
Einer Wolke gleich hängt diese Lodge an den Bergen. Ganz in der Nähe befindet sich der Nationalpark Juan Castro Blanco.
www.elsilenciolodge.com

### Lapa Ríos Rainforest Lodge
Vom Regenwald der Osa-Halbinsel umgeben, ist diese eine der schönsten Öko-Lodges des Landes.
www.laparios.com

Zentrum &
Südliches Hochland

# ZARCERO

Tanzen sie miteinander? Sind es Marsmännchen oder soll es ein menschliches Pärchen sein? Im Francisco-Alvarado-Park von Zarcero haben die »ticos«, wie die Costa-Ricaner auch genannt werden, Büsche und Bäume auf märchenhafte Silhouetten zurechtgestutzt. Aus manchen lugen vorwitzige Baumgeistköpfe, andere reihen sich zu grünen Tunneln. Der Gärtner dieses Parks hatte die Idee zu den Figuren, die Don Evangelista Blanco ohne jegliche Schulung oder Anleitung einfach so aus den Bäumen herausarbeitete. Gleich hinter diesem Garten tut sich die zweite wichtige Sehenswürdigkeit der Stadt auf, die Kirche San Rafael. Sie stammt aus dem Jahr 1895 und ist nicht nur wegen ihrer Außenfassade sehenswert, sondern auch im Inneren wegen ihrer Säulen und reichen Malereien. Eine weitere Attraktion des Ortes ist das Los Ángeles Cloud Forest Reserve mit schönen Wanderwegen.

**Die Kirche San Rafael Arcángel (rechts: Innenraum) liegt im Parque Francesco Alvarado (oben).**

Zentrum &
Südliches Hochland

# CATARATA DE LA PAZ

Allein die Wanderung zu diesem Wasserfall ist eindrucksvoll: Holzbrücken führen über kleine Bäche und großblättrige Pflanzen. Es riecht nach Humus und in der Luft schwirrt das Leben: Vögel, Schmetterlinge und Insekten tummeln sich zwischen den Blättern. Doch schon bald hört man sie nicht mehr, denn das Rauschen übertönt alles: Besonders in der Regenzeit stürzt der Fluss La Paz mit Wucht 37 Meter in die Tiefe. Nachdem er das vulkanische Gestein durchquert hat, nimmt er hier Anlauf in den tiefer gelegenen Regenwald. Sein weißer Schleier ist nicht nur bei Wanderern beliebt, auch Hochzeitspaare posieren gerne vor dem Naturwunder, das »Wasserfall des Friedens« heißt, für ein Foto vom schönsten Tag. Ein schmaler Pfad führt auch hinter den Wasserfall. Wer auf dem Rückweg noch Zeit hat, kann einen Schmetterlingsgarten erkunden. Eine Öko-Lodge hat sich ebenfalls oberhalb angesiedelt.

**Nach acht Kilometern durch den Dschungel stürzt sich der Fluss La Paz hier in die Tiefe.**

# PARQUE NACIONAL VOLCÁN POÁS

Vulkane gehören zu den unberechenbarsten Naturerscheinungen der Erde. Der über 2700 Meter hohe noch aktive Poás ist da keine Ausnahme und insofern sind die Öffnungszeiten des ihn umschließenden Nationalparks ebenfalls unberechenbar. Fast das gesamte Jahr 2017 hindurch durften keine Besucher mehr dem Vulkan zu nahe kommen, da er im April verstärkte vulkanische Aktivität gezeigt hatte und der Regierung das Risiko zu groß war. Der Poás mit seinem geheimnisvollen Kratersee zeigte sich zwar in den letzten 100 Jahren als relativ sanfter Riese, der nur in den 1950er-Jahren für Unruhe in der Umgebung gesorgt hatte. 1955 mussten zum letzten Mal Bewohner in der nahe gelegenen Stadt Bajos del Toro evakuiert werden. Nichtsdestotrotz ist die Möglichkeit eines größeren Ausbruchs jederzeit gegeben. Und aufgrund seiner enormen touristischen Anziehungskraft wären auch recht viele Menschen betroffen, sollte er einmal zu den Öffnungszeiten des nahe der Hauptstadt Costa Ricas gelegenen Parks ausbrechen. Deshalb also ist es keine Selbstverständlichkeit, überhaupt bis zur in fast 2600 Metern Höhe installierten Aussichtsplattform vordringen zu können. Diese wiederum ist eigentlich extrem besucherfreundlich angelegt. Kinderwägen schiebende Eltern, Rollstuhlfahrer, Wandermuffel – sie alle können die Plattform bequem erreichen dank gepflasterter kurzer Wege und einer guten Busanbindung. Doch selbst wenn der Park geöffnet ist, kann es vorkommen, dass sich die Öffnung des Vulkankegels neugierigen Blicken entzieht. Den Vulkan passierende Wolken verdichten sich dann zu einer undurchdringlichen Nebelwand, die über die Aussichtsplattform wabert und den 300 Meter tiefen Schwefel speienden Schlund vollkommen verhüllt. Ohne Nebel allerdings ist der Anblick atemberaubend. Wie das Auge eines Urzeit-Ungetümes ruht der rätselhaft türkisfarbene Kratersee in der Mitte des Kegels, ohne zu blinzeln, erhaben über alles allzu Menschliche. Kein Leben kann um das Auge herum gedeihen; das Gewässer ist viel zu sauer, um Pflanzen oder Tieren ein Domizil zu bieten. Noch in weitem Umkreis windabwärts lassen sich die Spuren des schwefelhaltigen sauren Sees an den Blättern der Bäume und Pflanzen ablesen: Braune und schwarze Flecken kennzeichnen die Reichweite des Schlundes.

Als hätte der Vulkan beweisen wollen, dass er auch anders kann, befindet sich ein zweiter Kratersee, der Lago Botos, nur 1,4 Kilometer weiter. Nicht nur der Weg dorthin, sondern auch der See selbst sind von üppigster Vegetation gesäumt. Wassertropfen hängen an den dicken Blättern des Nebelwaldes, tiefrote Bromelien entfalten ihre Blütenpracht, mit etwas Glück zeigt sich sogar eine Vulkanelfe zwischen den Bäumen. Kein magisches Wesen, sondern ein kleiner Kolibri (Selasphorus flammula) verbirgt sich hinter dem zauberhaften Namen.

**Endemische Pflanzen wie die Pernettya coriacea (zweites Bild von oben), aber auch Rhododendren und Bromelien (rechts) gedeihen unterhalb des Vulkans.**

Zentrum &
Südliches Hochland

# PARQUE NACIONAL JUAN CASTRO BLANCO

Während in den meisten Nationalparks Pflanzen und Tiere im Mittelpunkt des Interesses und der Schutzüberlegungen stehen, ist es in diesem Refugium das Wasser. Der Nationalpark befindet sich in einem Gebiet, in dem wichtige Flüsse entspringen, die mit ihrem Wasser die umliegenden Gemeinden versorgen. Im Park selbst haben sie malerische Lagunen und Wasserfälle entstehen lassen. Zudem befinden sich gleich drei Vulkane hier. Sie pusten manchmal ihre Rauchwolken in den Himmel und würzen sie mit einem leichten Schwefelgeruch. Schmale Wege führen durch das Schutzgebiet, das relativ jung ist und dessen Infrastruktur mit Rangern, Informationszentrum und Co. deswegen noch im Aufbau steckt. Dennoch, mit etwas Geduld und Glück, lassen sich im Nebel- und Regenwald nicht nur Raupen und Fledermäuse blicken, sondern auch Nasenbären oder Falken.

**100 Meter tief stürzt sich der Toro-Wasserfall hinab (links). Oben: Berglandschaft des Parks. Rechts: Feigenbaum.**

### ABSTECHER ZUM TORO-WASSERFALL

Wie eine geheime Schlucht, von der Zivilisation übersehen, wirkt diese Senke zwischen den Felsen. Es ist ein alter

Vulkankrater, deswegen auch diese eigenartige, runde Form. 100 Meter tief stürzt sich der Toro-Wasserfall nach unten und endet in einem natürlichen Pool von strahlender Blaufärbung. Das Wasser hat sich hier aufgrund des hohen Schwefelgehalts zu einem intensiven Blauton gefärbt. Der dazugehörige Park wird privat betrieben. Es gibt Wandertouren zum Wasserfall, der als höchster des Landes gilt, außerdem gibt es einen zweiten Wasserfall auf dem Gelände.

www.catarata-del-toro.com

Die Laguna del Hule ist eine der schönsten Lagunen des Parks. 170 Vogelarten und zahlreiche Schmetterlinge schwirren durch die Lüfte.

Zentrum & Südliches Hochland

# PARQUE NACIONAL VOLCÁN IRAZÚ

Gibt es einen Ort auf der Erde, der dem Mond am nächsten kommt, so wäre das wohl der Kraterbereich des Vulkans Irazú (3432 Meter). Dieser Vergleich stammt von einem Mann, der es wissen muss: Neil Armstrong, der amerikanische Astronaut, fühlte sich dort sehr an den Mond erinnert. Ob Mond oder nicht, die Landschaft ist beeindruckend! Wer den Kraterrand erklommen hat, sieht bei guten Wetter nicht nur die beiden Meere, die Costa Rica umschließen, sondern zudem den knallgrünen See im Schlund des Feuerbergs. Es ist ein Säuresee, der seine Farbe beständig wechselt, je nachdem, welche Gase gerade vom Inneren nach oben drängen. Der größte Vulkan des Landes ist sehr lebendig, er brach das letzte Mal im Jahr 1994 aus. Nicht nur seine Lava ist gefährlich, sondern jegliche Veränderung im Krater, denn die Wand, die den See begrenzt, ist dünn. Würde der See auslaufen, wäre es für die umliegenden Dörfer eine lebensbedrohliche Katastrophe.

**Großes Bild: Hauptkrater und Kratersee; kleines Bild: am Kraterrand des Irazú.**

Zentrum & Südliches Hochland

# VOLCÁN TURRIALBA

Gleich vier Krater bietet der zweithöchste Vulkan des Landes: Der Turrialba (3340 Meter) ist ein aktiver Feuerberg in der Nähe der Hauptstadt Costa Ricas und gegenüber dem Irazú gelegen. Viele Einheimische haben den Riesen jedoch noch nie aus nächster Nähe gesehen, zu schwierig ist oft die Anfahrt und zu unberechenbar der Vulkan selbst. Der Turrialba bietet mit seiner Kraterlandschaft zwar ein eindrucksvolles Ziel für Wanderungen, doch wer nach sechs Stunden Laufzeit oben angekommen ist, kann sich nicht immer sicher sein, freie Sicht auf den Krater zu genießen. Entweder verwehrt der Nebel den Blick oder ein Ranger hält die Menschen zurück, weil der Vulkan gerade wieder gefährliche Aktivität zeigt. Oftmals aber hat man auch Glück und kann den freien Blick auf den Vulkan, seine Krater und die umliegende Landschaft einfach nur genießen. Der Turrialba war übrigens im Jahr 2016 immer wieder in den Schlagzeilen wegen seiner Aktivitäten. Damals kam es aufgrund von Aschewolken vielfach zu Einschränkungen im Flugverkehr. Vor allem war auch das nur 50 Kilometer entfernte San José betroffen.

Von der Ortschaft Turrialba selbst, die sich am Fuß des Vulkans befindet, bieten sich neben Wanderungen zum Feuerberg auch Wildwasserrafting-Touren in zwei nahe gelegenen Flüssen an. Außerdem sollte man in der Stadt die dort hergestellten Käsesorten verkosten. Zum Nationalmonument Guayabo sind es von hier aus nur knapp 20 Kilometer.

**Schon von Weitem erkennt man den Turrialba anhand seiner Rauchwolke, die sich über der grünen Berglandschaft erhebt (großes Bild). Kleines Bild: Blick auf den rauchenden Vulkan von dem Ort Aquires aus.**

Zentrum &
Südliches Hochland

# MONUMENTO NACIONAL GUAYABO

Kreisrund und tiefgrün leuchten die Grasflächen mitten im Regenwald dem Besucher entgegen. Gepflegter Rasen, umfasst mit kleinen Steinmauern. Was die US-Amerikaner während der Kuba-Krise für eine militärische Anlage hielten, war in Wirklichkeit Costa Ricas wichtigste archäologische Stätte. Über die genaue Bedeutung der gepflasterten Wege, plateauförmigen Grasflächen und Aquädukte rätseln Forscher bis heute. Sicher ist aber, dass es sich um eine Siedlung handelt, die mehr als 3000 Jahre alt ist und einst für mehr als 10 000 Menschen Heimat war. Guayabo erstreckt sich insgesamt über mehr als 20 Hektar Fläche, nur ein kleiner Teil ist bislang freigelegt worden. Die Anlage war in den Jahren 1000 v. Chr. bis 1400 n. Chr. bewohnt und wurde 1968 von Archäologen entdeckt. Gräber und Steinzeichnungen sind heute noch zu sehen.

**Diese präkolumbische Stätte ist eine ständige archäologische Ausgrabungsstätte und wichtigstes Monument dieser Art in Costa Rica.**

Zentrum &
Südliches Hochland

# CARTAGO

Als die Spanier im Jahr 1563 ihre erste Siedlung in Costa Rica errichteten und sie Cartago nannten, konnten sie nicht ahnen, dass sie sich einen denkbar ungünstigen Platz für eine Stadt ausgesucht hatten. Der Boden dort war fruchtbar, die Hochebene schien sich perfekt für den Bau einer Stadt zu eignen, kein Wunder also, dass Cartago zur Kapitale avancierte. Dass der nahe Berg aber leider ein äußerst aktiver Vulkan war, hatten die Spanier wohl nicht geahnt. 1723 brach der Irazú in einer Stärke aus, dass die komplette Stadt zerstört wurde. Unermüdlich bauten die Ticos ihre Stadt wieder auf – und mussten bei den heftigen Erdbeben 1821, 1841, 1871 und 1910 erneut um ihre Hauptstadt zittern. Ein neuer Regierungssitz musste her und so löste das nur 20 Kilometer entfernte San José Cartago 1823 ab. Der Präsidentenpalast und die Kirchen zeugen noch heute vom einstigen Ruhm.

**Oben: Ruinen der einstigen Pfarrkirche Santiago Apóstol. Rechts: Stände auf dem Obstmarkt.**

### JARDÍN BOTÁNICO LANKESTER

Es sind die Farben und diese klaren Formen, die den Menschen jedes Mal wieder ein Staunen abringen: Die Natur kann Kunstwerke hervorbringen, die sich

kein Mensch je ausdenken könnte. So jedenfalls ist es mit den Orchideen, deren Blüten von faszinierender Vollkommenheit sind. Den britischen Biologen und Pflanzenforscher Charles H. Lankester (1879– 1969) haben diese Pflanzen derart begeistert, dass er ein eigenes Zentrum eingerichtet hat: Der nach ihm benannte botanische Garten stammt aus dem Jahr 1940 und zählt mit seinen mehr als 3000 Orchideenarten zu den größten Sammlungen dieser Art in Mittel- und Südamerika. Neben den Gewächshäusern lockt auf zehn Hektar Fläche auch ein kunstvoll angelegter Garten.

Avenida 46, Paraíso
www.jbl.ucr.ac.cr

Zentrum &
Südliches Hochland

# CARTAGO
# NUESTRA SEÑORA DE LOS ÁNGELES

Die wichtigste Kirche des Landes ist geschmückt wie ein Märchenpalast: Rundbögen, Rosettenfenster, Säulen und Statuen. Vor allem nachts, wenn sie beleuchtet ist, wirkt sie wie aus 1001 Nacht. Doch das ist es nicht, was unzählige von Gläubigen zu ihr pilgern lässt. Es ist vielmehr die schwarze Madonna, Negrita genannt, die als Schutzpatronin der Stadt und des ganzen Landes fungiert. Dieser Figur, die ein Bauernmädchen 1653 zufällig im Wald fand, werden Heilkräfte zugesprochen, und so machen sich die Menschen am 2. August zur Wallfahrt zur Wohltätigen auf und bitten um Segnung für Kranke und Leidende. Viele kriechen auf Armen und Knien zur Kirche. Jenseits des Großereignisses ist die Basilika Minor aus dem Jahr 1926 auch sehenswert mit ihrem Stilmix aus kolonialen und byzantinischen Einflüssen. Sie ist so jung, weil ein Erdbeben die Vorgängerbauten zerstört hatte.

**Außen wie innen ist die Basilika von Cartago beeindruckend.**

Zentrum & Südliches Hochland

# KAFFEE

Im Dezember hat der Kaffee Hochsaison in Costa Rica: Tagelöhner stehen dann zwischen den niedrigen Kaffeebäumen und pflücken fleißig die Bohnen in die Körbe, die sie sich vor den Bauch gebunden haben. Wenn die Körbe voll sind, schütten die Pflücker den Inhalt in bemalte Ochsenkarren, die die Früchte über die holprigen Wege zu den Kaffeefabriken transportieren. Dort wird das rote Fruchtfleisch von der Bohne getrennt, die später zu einer der besten Kaffeesorten veredelt wird. Die Pflanze wurde von den Engländern ins Land gebracht, die die Einheimischen anwiesen, mindestens zwei Kaffeepflanzen in jeden Garten zu setzen. Das Konzept ging auf: Kaffee ist bis heute ein wichtiger Wirtschaftszweig des Landes, vor allem in den Orten Tarrazú, Tres Ríos und West Valley spielt Kaffeeanbau eine bedeutende Rolle. Es wird übrigens per Gesetz nur die gute Arabica-Bohne angebaut, Robusta-Bohnen sind verboten.

**Links: in Monteverde. Rechts: von der Frucht zur gerösteten Bohne.**

## KAFFEPLANTAGEN

**Finca Rosa Blanca**
Dies ist einer der wohl schönsten Orte, an denen man in Costa Rica in die Welt des Kaffees eintauchen kann. Der Kaffee wird

nach ökologischen Grundlagen angebaut. Gäste können am Pool oder in einem der künstlerischen Zimmer entspannen.
www.fincarosablanca.com

**Doka Estate**
Die größte und beliebteste Kaffeeplantage des Landes ist längst kein Geheimtipp mehr. Sie informiert außerdem auf schön gemachten Führungen über den aufwendigen Prozess der Kaffeeherstellung.
www.dokaestate.com

**Café Britt**
Ebenso zu den großen Plantagen des Landes gehört Britt. Auch hier gibt es Führungen und Einblicke in die Welt des duftenden Wachmachers.
www.cafebritt.com

Jenseits dieser großen Adressen lohnt es sich aber auch, bei den kleinen Farmen vor Ort vorbeizuschauen.

Zentrum & Südliches Hochland

# PARQUE NACIONAL TAPANTÍ

Es tropft, pitscht und platscht von den Blättern. Das Moos wächst so dicht auf den Stämmen, dass es wirkt, als hätte die Natur den Käfern ein extra weiches Bett zugedacht. Unter dem Grün ist ein Rascheln zu vernehmen. Wer genau hinhört, merkt, dass es sich eigentlich überall bewegt. Hat Costa Rica ohnehin schon eine große Artenvielfalt zu bieten, punktet dieser Nationalpark mit der größten Biodiversität. 45 verschiedene Säugetierarten, darunter Waschbär, Kapuzineraffe oder Tapir, und mehr als 260 Vogelarten leben in dem Gebiet, das große Flächen primären Regenwaldes umfasst. Es ist eine der feuchtesten Regionen weltweit. Mehr als 150 Bäche und Flüsse schlängeln sich durch das Areal und rauschen in teilweise spektakulären Wasserfällen in die Tiefe. Insgesamt fünf verschiedene Vegetationszonen lassen sich auf einer Wanderung auf dem Rundweg entdecken.

**Links: am Río Orosi. Rechts: Blattschrecke, Pacaya-Palme, Rüsselkäfer (auch ganz unten), Blüte.**

Zentrum &
Südliches Hochland

# RÍO PACUARE

Manchmal sind es touristische Entwicklungen, die einen wilden Fluss davor schützen, gezähmt zu werden. So erging es jedenfalls dem Río Pacuare. Der wilde Fluss sollte eigentlich zur Stromgewinnung mit einem Staudamm gebändigt werden, doch dieses Vorhaben wurde strikt abgelehnt. Zu groß, so befürchtete man, wäre der negative Einfluss auf die Umwelt. Am Ufer waren in den 1980er-Jahren immerhin noch Panther gesehen worden. Viele Uferzonen sind nahezu unberührt. Ein Glück für die Reisenden, die heute einen Teil des 108 Kilometer langen Flusses zum Rafting oder Kayaking nutzen. Im Jahr 1980 hatte eine Gruppe polnischer Reisender den Fluss als ideales Kajak-Ziel entdeckt. Heute zählt er außerdem zu den besten Rafting-Gebieten der Welt. Vor allem die Gegend um Turrialba ist beliebt für diese Sportarten.

**Direkt am Pacuare liegt die Unterkunft mit schöner Terrasse (rechts oben). In der Pacuare Lodge nächtigt man mitten im Grün (rechts unten).**

### PACUARE LODGE

Wenn man per Rafting zu seinem Hotel gebracht wird, muss dieser Ort schon etwas Besonderes sein: Die verträumte Pacuare Lodge gehört zu den schönsten

Dschungel-Reisezielen des Landes. Die Dächer mit Schilf gedeckt, die Pools mit Naturstein umfasst, geschliffene Holzbohlen unter den Füßen und der Blick auf das vielfältige Grün des Dschungels. Die Anlage gliedert sich in kleine private Häuser, in denen es nicht an Komfort mangelt, manche sind sogar auf Höhe der Baumkronen errichtet. Doch das schönste ist nicht menschengemacht, sondern das Orchester der Natur, wenn der Fluss hörbar vorbeirauscht und es hinter Stämmen und unter Blättern zirpt und quakt.

Limón
www.pacuarelodge.com

Zentrum & Südliches Hochland

# RAFTING & KAYAKING

Sprudelnde Bäche, klares warmes Wasser und wilde Flussläufe – Costa Rica ist eines der besten Länder für Rafting und Kayaking. Wem es um Geschwindigkeit geht, der hat auf dem Wasser ebenso Spaß wie Menschen, die sich sanft über die Oberfläche gleiten lassen, am besten fast lautlos, um die Tiere am Ufer besser zu beobachten. Etwa einen Affen, der sich von Ast zu Ast hangelt, oder Aras, mit etwas Glück auch Gürteltiere. Vor allem zur Vogelbeobachtung, aber auch um Säugetiere anzuschauen, eignet sich eine Kajak-Tour hervorragend. Es gibt insgesamt fünf Flüsse, die die Hitliste der beliebtesten Ziele anführen: Río Pacuare, der ins karibische Meer mündet, Río Sarapiquí am Nationalpark Braulio Carrillo, Río Toro, Peñas Blancas und Río Naranjo. Dabei können die Reisenden wählen, ob sie eher eine ruhige Tour buchen möchten (Klasse I) oder mit Nervenkitzel und Körperkraft (Klasse V).

**Auf dem Río Pacuare erlebt man Rafting-Abenteuer pur (alle Abbildungen).**

### DIE BESTEN FLUSS-ABENTEUER

**Río Pacuare**
Auf einem tropischen Fluss die Schnellen entlangschaukeln, am Ufer im Regenwald Tukane und Hirsche beobachten und anschließend wieder in Strudel geraten – Rafting auf dem Río Pacuare gehört zu den besten Touren des Landes – und sogar auf der Welt!
www.costaricaexperts.com

**Río Naranjo**
Auf dem Naranjo mächtig ins Trudeln kommen wie in einem Abenteuerfilm und später auf einer Gewürzfarm in die Welt der Gerüche eintauchen: Der Touranbieter bietet eine große Vielfalt von Wasserabenteuern, auch für Familien:
www.riostropicales.com

**Río Sarapiquí**
Ganz ruhig das Schlauchboot mit der Strömung treiben lassen, ab und zu mit dem Paddel nachhelfen und einfach das Dahinfließen genießen – nur eine der vielen Möglichkeiten, die der Sarapiquí bietet.
www.aguasbravascr.com

**Río Savegre**
Neben dem Passieren von Stufen und Stromschnellen gleitet man in ruhigen Abschnitten übers Wasser. Der Nationalpark Manuel Antonio ist nicht weit von hier.
www.iguanatours.com/en

**Río Tenorio**
Dieser Fluss hat es teilweise so richtig in sich! Der obere Teil besitzt viele Schnellen und Kurven, für die man kein Anfänger sein sollte.
www.tenorioadventurecompany.com/tenorio-adventure

Zentrum &
Südliches Hochland

# CERRO CHIRRIPÓ

Der höchste Berg Costa Ricas vereint einen doppelten Reiz für diejenigen, die es bis zur Spitze schaffen wollen: Von dem 3820 Meter hohen Gipfel zeigt sich bei klarer Sicht sowohl das karibische Meer als auch der Pazifik. 3000 Meter Anstieg auf 15 Kilometer verteilt bedeutet eine Herausforderung für den Körper. Doch haben Berge nicht immer auch etwas Symbolisches und stehen für die Schwierigkeiten, die es zu überwinden gilt? Dabei kann man sich nur wünschen, dass der Weg hinauf öfter so hübsch ist wie der auf den Chirripó. Am Wegesrand zeigen sich Wasserfälle, große Eichen, aber auch Farne und Bambus. Während es in den unteren Vegetationszonen eindeutig nach Regenwald aussieht, wird es weiter oben wüstenähnlich mit Kakteen und kargem Pflanzenwuchs, ähnlich wie im Colorado-Plateau. Die Wanderung gehört zu den beliebtesten des Landes. Ostern ist Hochsaison, also besser auf andere Tage ausweichen.

**Vom Gipfel des Chirripó fällt der Blick auf den San-Juan-See (oben).**

Zentrum &
Südliches Hochland

# CORDILLERA DE TALAMANCA

Der gewaltigste Gebirgszug des Landes beherbergt nicht nur den höchsten Gipfel Costa Ricas, den Cerro Chirripó, sondern umfasst auch weite Teile des Nationalparks La Amistad. Nicht umsonst wurde er im Jahr 1983 zusammen mit dem Naturschutzgebiet zum Welterbe der UNESCO erklärt. Neben dem Cerro Chirripó erheben sich hier noch zehn weitere Dreitausender, die höchsten Berge Costa Ricas. Im Regenwald des Talamanca-Gebirges, das ausnahmsweise nicht vulkanischen Ursprungs ist, gedeihen Eichenwälder, weiter oben herrscht Páramo-Vegetation vor. Dort wachsen Pflanzen, die es sonst nirgendwo gibt. Tapire, Pumas und Jaguare leben im Dschungel. Wer diesen Flecken Erde besuchen möchte, der sollte unbedingt eine Tour buchen, denn der Zugang zum Talamanca ist äußerst schwierig und touristisch nicht gut ausgebaut.

**Quetzal und Bothriechis nubestris (rechts) fühlen sich im Regenwald wohl. Links: Bergregenwald am Cerro de la Muerte.**

Zentrum &
Südliches Hochland

# PARQUE NACIONAL LA AMISTAD

Das grenzüberschreitende Schutzgebiet, das sich Costa Rica und Panama teilen, weist die artenreichste Fauna und Flora der Welt auf. Rund 800 000 Hektar misst dieses einzigartige Gebiet, das sich in der zentralen Cordillera de Talamanca vom Süden Costa Ricas in den Westen Panamas erstreckt. Zwischen Meeresniveau und rund 3800 Meter Höhe bildeten sich unterschiedlichste Lebensräume und Landschaften heraus. Den größten Teil des Reservats bedeckt tropischer Regenwald, der hier seit 25 000 Jahren wächst. Oberhalb des Tieflands finden sich Nebelwälder und subalpine Páramo-Vegetation mit Sträuchern und Gräsern sowie Regionen mit immergrünen Eichen, Mooren und Seen. Seine topografischen und klimatischen Unterschiede sowie seine geografische Lage an der Schnittstelle von Nord- und Südamerika machen den Park zu etwas Besonderem.

**Ptilogonys caudatus, Colibri thalassinus (links), Quetzal und Lampornis cinereicauda (rechts) bewohnen den Nationalpark.**

# KARIBIKKÜSTE

Kein Geringerer als Christoph Kolumbus landete im Jahr 1502 auf der Insel Uvita und im Hafen der heutigen Stadt Limón. Seither fuhren dort unzählige Passagier- und Kreuzfahrtschiffe ein.

Die Besucher zieht es vor allem wegen der besonderen Küche an die Karibikküste: Frischester Fisch geht eine spannende Kombination ein mit Fleisch, Kokos, Reis und anderen Köstlichkeiten dieser Region. Zu den kulinarischen Besonderheiten zählt gewiss auch der Kakao, dessen Geschichte und Verarbeitung man auf Kakao-Pfaden verfolgen kann.

Costa Ricas Karibikküste bietet nicht nur Traumstrände und quirlige Küstenstädtchen wie Puerto Viejo de Talamanca, sondern auch viel Regenwald mit einer reichen Flora und Fauna. Der Nationalpark Tortuguero ist dafür ein Paradebeispiel: In diesem außergewöhnlichen Schutzgebiet, das sowohl Wasser- und Landflächen beinhaltet, leben Schildkröten, Krokodile, Kaimane, Papageien und Affen neben- und miteinander. Auch der Nationalpark Cahuíta schützt neben 1000 Hektar Land auch 22 400 Hektar Meeresfläche und wunderschöne Korallenriffe.

**Im Süden Costa Ricas bestechen herrliche Naturstrände wie der von Manzanillo.**

Karibikküste

# PARQUE NACIONAL TORTUGUERO

Seinen Namen verdankt der Nationalpark den Schildkröten (Span. »tortugas«): Der etwa 25 Kilometer lange Strand ist der bekannteste Eiablageplatz der Suppenschildkröte in der westlichen Karibik. Hier graben die Weibchen ihre Höhlen in den Sand, in die sie ihre Eier ablegen, und hier schlüpfen dann einige Monate später die Jungschildkröten. Deren Geschlecht hängt übrigens ein wenig vom Wetter ab und davon, wie tief die Eier eingegraben wurden. In bestimmten Temperaturbereichen schlüpfen überwiegend oder sogar ausschließlich Weibchen. Im Nationalpark gedeiht eine Vielfalt an Pflanzen und Tieren: Fische, Krustentiere und Reptilien finden in den Wasserläufen und Lagunen Zuflucht, Jaguare, Ozelots, Tapire an Land, und in den Lüften die Fledermaus Großes Hasenmaul und zahlreiche seltene Vogelarten.

**Links: Tortuguero-Kanal. Bildleiste: Stirnlappenbasilisk, Mantelbrüllaffe, Braunkehl-Faultier, Klammeraffe und Grüner Leguan.**

## AUSFLÜGE MIT TIERBEOBACHTUNGEN

Zum Tortuguero-Nationalpark kommt man nur mit dem Boot. Da lohnt es sich, im Park gleich bei dieser Fortbewegungsart

zu bleiben, allerdings ohne Motor, sondern im Kanu. Es gibt sogar deutsche Touren, beispielsweise mit der Biologin Barbara Hartung, die seit über 20 Jahren im Park arbeitet und genau weiß, wer da alles huscht, flattert, schleicht und gleitet. Sie bietet auch Wanderungen durch das Schutzgebiet an – darunter Nachtführungen und von Juli bis Oktober Schildkrötentouren, bei denen eine begrenzte Anzahl Besucher mit der entsprechenden Erlaubnis nachts den Grünen Meeresschildkröten bei der Eiablage zuschauen kann.

www.tinamontours.de

Ganze 80 Zentimeter kann der Stirnlappenbasilisk lang werden. Seine Hautkämme am Rücken sind etwa fünf Zentimeter hoch.

Karibikküste

# SCHILDKRÖTEN

Es gibt besondere Tiere, deren Blick uns an etwas Uraltes, Vergessenes zu erinnern scheint, das sie in ihrer Tiefe für uns bewahren. Die unerwartete Begegnung mit dem geheimnisvollen Blick einer Schildkröte kann dieses Gefühl auslösen. Nicht zufällig stehen sie mythologisch in so hohem Rang. Das spüren auch diejenigen, die einfach nur gern Tiere in ihrer natürlichen Umgebung beobachten. In Costa Rica ist dies sowohl unter Wasser möglich als auch zu einem ganz besonderen Ereignis: der Eiablage. Aufgrund der unterschiedlichen Legezeiten lässt sich diesem Naturschauspiel fast das ganze Jahr über beiwohnen: Echte Karettschildkröten legen zwischen Mai und Oktober, die Oliv-Bastardschildkröte zwischen September und Dezember, Lederschildkröten zwischen Dezember und März und Grüne Meeresschildkröten (Suppenschildkröten) zwischen Oktober und Februar.

**Meeresschildkrötenverwandte (links), Oliv-Bastardschildkröte (oben), Schwarze Dickkopf-Schildkröten (rechts).**

Karibikküste

# PLAYA CAHUÍTA

Zwischen den schwarzen Sandstränden vulkanischen Ursprungs im Norden (Playa Negra) und den weißen Stränden korallischen Ursprungs (Playa Blanca) im südlich gelegenen Cahuíta-Nationalpark liegt das kleine kreolische Cahuíta. Dort ist nicht nur der Sand zwischenfarbig, sondern alles bildet ein schönes Gemisch: Kultur, Gastronomie, Sprache. Am Strand ertönen Reggae-Klänge unter Kokospalmen, Gäste und Einheimische ganz unterschiedlicher Herkunft und Hautfarbe kommen in Cahuíta zusammen und genießen die karibische Lässigkeit. In den strandnahen Bars und Restaurants entfaltet sich die leckere kreolische Küche. Die nur zwei Kilometer entfernte Playa Negra mit ihren zermahlenen Basaltkörnchen ist ein besonderes Erlebnis für Sonnenbadende und Menschen mit Sensoren für mineralische Kräfte. Dieser Strand vibriert förmlich unter den Füßen.

**Schwarz sieht er nicht gerade aus, der Sand der Playa Negra, und doch ist er etwas dunkler als anderswo in der Karibik.**

Karibikküste

# PLAYA PUNTA UVA

Lange Zeit war dieser goldene Sandstrand ein Geheimtipp. Der nach den ihn säumenden Coccolobas (Seetrauben) benannte ca. 500 Meter lange Küstenabschnitt hat sein touristisches Schattendasein allerdings schon seit einer Weile abgestreift und gilt mittlerweile als familienfreundlicher, aber nach wie vor recht menschenleerer Traumstrand. Pferde warten unter den Kokospalmen auf Strandreiter. Ein kleines Restaurant versorgt die Besucher. Sanfte Wellen erlauben auch Kindern weitestgehend ungefährliches Planschen. Das Wasser ist sauber, der Strand ebenfalls. Es lassen sich zudem Kajaks ausleihen, auch Schnorcheln ist eine nette Abwechslung. Und dicke Äste, die das Meer angespült hat, regen die Fantasie von kleinen Kletterhelden ganz besonders an. Manchmal kommen Einheimische vorbei und bieten »pipa fría« (gekühltes Kokosnuss-Wasser) oder Obstsalat auf Bananenblättern an.

**Oben: Gandoca Manzanillo National Wildlife Refuge.**

## KARIBIKSTRÄNDE

### Der schönste Surfer-Strand
In Puerto Viejo de Talamanca bricht die Salsa Brava, der Traum eines jeden fortgeschrittenen Surfers. Die Wellen sind schnell und stark und bilden teilweise großartige Tunnel. Ansonsten ist hier ein einzigartig buntes Angebot an Bars, Discos und Ausgehmöglichkeiten vorhanden.

### Der schönste Strand zum Schwimmen
Playa Cocles, zwischen Puerto Viejo und Playa Chiquita gelegen, ist bei Surfern und Schwimmern gleichermaßen beliebt. Am Strand achten Rettungsschwimmer auf das Wohl der Sportler im Wasser.

### Der schönste Naturstrand
Im Cahuíta-Nationalpark finden sich lange einsame Küstenabschnitte, gesäumt von Kokospalmen. Im Hintergrund die Regenwald-Geräuschkulisse, von vorn sanfte warme Wellen die auf weißen Sand rollen. Was will man mehr?

### Der schönste Familien-Strand
Der kleine Manzanillo-Strand ist auch für jüngere Besucher geeignet, da ein vorgelagertes Riff die Wellen und Strömungen abhält, die viele andere Strände der Karibik kennzeichnen.

### Der ruhigste Strand
Am wenigsten touristisch erschlossen ist wohl Playa Chiquita. Bis auf einige wenige Unterkünfte und einen Supermarkt ist man dort fast von der Außenwelt abgeschlossen und kann sich ganz aufs Sonnenbaden konzentrieren.

Karibikküste

# PUERTO LIMÓN

Aus dem wichtigsten Hafen des Landes werden überwiegend Kaffee und Bananen verschifft. Die Stadt selbst, in der etwa 100 000 Einwohner meist afro-karibischen Ursprungs leben, bietet dem Besucher nicht viele Sehenswürdigkeiten. Stattdessen locken die Strände in der Umgebung sowie der Nationalpark Tortuguero weiter nördlich an der Küste, der von hier aus am besten erreicht werden kann. Einen Einblick in das reiche kulturelle Leben Costa Ricas bietet der Ort dennoch, hier sprechen die Menschen Spanisch, Englisch und Jamaikanisch-Kreolisch (Patois). Beim Karneval Día de las Culturas (»Tag der Kulturen«) am 12. Oktober verwandelt sich die Stadt in ein mitreißendes Fest mit viel Tanz und Musik und kulinarischen Besonderheiten. Wer abends ausgehen will, findet in Puerto Limón eine florierende Nightlife-Szene vor.

**Am Hafen legen u. a. Kreuzfahrtschiffe an (oben). Im Parque Vargas befinden sich ein Schatten spendender Pavillon (rechts) und weitere interessante Bauten.**

## VERAGUA RAINFOREST PARK

Regenwald »light« – dieser Park ist ein schöner Einstieg in die Wildnis Costa Ricas. Vor allem für Familien ein Höhepunkt, da unter anderem in einem völlig

abgedunkelten Froschhaus mit Taschenlampen zu erkunden ist, was Pfeilgiftfrösche und andere Amphibien nachts eigentlich so alles tun. Danach lässt sich durch das Schmetterlingshaus schlendern und den anmutig tänzelnden Geschöpfen eine Weile zuschauen, bevor es mit einer offenen Gondel durch den Wald zum »Pfad der Giganten« geht entlang uralter Baumriesen. Ein Weg führt auf 350 Steinstufen zum Puma-Wasserfall. Eine Canopy-Tour ist ebenfalls möglich.

Limón, Brisas de Veragua
www.veraguarainforest.com

Karibikküste

# KAKAO

Es gab Zeiten, da waren Kakaobohnen die gängige Währung in Mittelamerika. Die Azteken hatten das auf Bäumen wachsende dunkle Gold für sich entdeckt und einen Wirtschaftskreislauf etabliert, wo Waren gegen Kakao gehandelt wurden. Nach Europa kam der bittersüße Göttertrank mit den Spaniern und wurde zunächst ebenso wie die scharfen Gewürze aus Ostindien zum Adelsmonopol. Mit dem europäischen Boom begann die skrupellose Ausbeutung der Kolonien. Der Sklavenmarkt blühte, Kakaoplantagen begannen den Regenwald zu verdrängen. In Costa Rica hält sich die Kakaoproduktion gegenwärtig in Grenzen, seit ein Pilz der Massenproduktion Einhalt geboten hat. In einigen wenigen Anbaugebieten wie bei Limón wird noch Kakao angebaut. Anders als in vielen afrikanischen Ländern herrschen hier mittlerweile relativ gute Arbeitsbedingungen vor, oft mit dem Hintergrund des Fairtrade.

**Erst grün, dann gelb, dann rot – die Pflanzen haben verschiedene Reifestufen.**

### KAKAO-PFADE

Schokolade wächst nicht auf Bäumen und den roten, gelben oder grünen Kakao-Früchten wiederum sieht man es nicht an, dass sie einen so köstlichen Inhalt bergen. Während eines Ausfluges auf eine Kakao-Plantage kann man lernen, wie die Samen der »Nahrung der Götter« (Theobroma) zu behandeln sind, um am Ende Schokolade zu gewinnen. Es fängt mit der richtigen Ernte an, gefolgt von einem mehrtägigen Fermentierungsprozess. Danach müssen die Samen trocknen, um ihr Aroma entfalten zu können. Diverse kleine Familienbetriebe in Costa Rica bieten Führungen an, so zum Beispiel Chocorart in Playa Chiquita. Wer noch mehr über Kakao wissen möchte, der kann das Museum (Museo Nacional de Cacao) in Cahuíta besuchen, in dem alte Maschinen und Geräte die mühevolle Arbeit bei der Kakaoernte veranschaulichen. Eine Fotoausstellung verdeutlicht die Bedingungen der Arbeiter auf den Plantagen. Außerdem erfährt man Wissenswertes zur Geschichte der Bohnen und wie sie über Jahrtausende hinweg als Währung eingesetzt wurden. Erst durch die spanischen Eroberer wurde aus dem zunächst bitteren Getränk ein mit Zucker oder Honig gesüßtes, das heute zu den wichtigsten Exportgütern des Landes zählt.

www.cacaotrails.com

Karibikküste

# PARQUE NACIONAL CAHUÍTA

Dieses grüne Fleckchen Erde ist ein ausgesprochen beliebter Nationalpark. Er besticht durch wunderschöne Sandstrände, vor der Küste mit dem längsten Korallenriff von Costa Rica und durch eine üppige Vegetation, teils durchbrochen von Felsen im Hinterland. Diese landschaftliche Vielfalt ist faszinierend und bringt einen großen Artenreichtum an Tieren mit sich. Schwärme an tropischen Fischen tummeln sich neben Wasserschildkröten am Riff. Faultiere, Leguane und eine Fülle an Vögeln und bunten Schmetterlingen leben in den wunderschönen dichten Regenwäldern. Die Affen, zum Beispiel Kapuziner- und Brüllaffen, sitzen in den Bäumen, hangeln sich von Ast zu Ast oder springen schnell zwischen dem feuchten Waldboden und den Baumriesen hin und her.

**Das Braunkehl-Faultier lebt auf den Bäumen des Cahuíta-Nationalparks und frisst vorwiegend Blätter. Seine braun unterlegte Augenpartie unterscheidet es von anderen hier lebenden Faultieren.**

Karibikküste

# REFUGIO NACIONAL GANDOCA-MANZANILLO

Karibische Wildnis steckt voller Geheimnisse, aber auch Gefahren. Es sind allerdings gar nicht die farbenfrohen und zugleich unheimlichen Pfeilgiftfrösche, die Kaimane und Krokodile zwischen den Mangroven oder die Krankheiten übertragenden Moskitos, die am gefährlichsten für unbedarfte Besucher ohne Guide sind, sondern maskierte menschliche Räuber, die sich hin und wieder bewaffnet auf Kleingruppen stürzen, die alleine im Park unterwegs sind. Deswegen ist es hier ratsam, einen Guide mitzunehmen: Dieser kostenlos zugängliche Park kann dann zum unvergesslichen Erlebnis im guten Sinne werden. Das an der Grenze zu Panama liegende fünf Hektar große Areal gehört zu den schönsten der ganzen Gegend. Die intakten Mangrovenwälder sind einzigartig an der atlantischen Küste. Lederschildkröten nutzen die Sandstrände zur Eiablage. In den Korallenriffs tummeln sich bunt schillernde Fischschwärme.

**Auf einer geführten Wanderung gelangt man zu den schönsten Abschnitten.**

Karibikküste

# PUERTO VIEJO DE TALAMANCA

Ein Kontrapunkt zu einsamen Stränden und Natur pur in den Nationalparks: Wer zwischendurch etwas menschlichen Trubel braucht, ist genau richtig in Puerto Viejo de Talamanca. Ein karibisches Touristenstädtchen, das wunderbar alle Klischees erfüllt und doch nicht bei ihnen stehen bleibt. Rastas, Reggae und Surfer dominieren die Szenerie und trotzdem schafft es der Ort auf geheimnisvolle Weise, ein Original zu bleiben und seine eigene Atmosphäre zu wahren. Viele Touristenorte neigen dazu, sich zu verlieren im verlockenden Profit, sie werden irgendwie seelenlos. Puerto Viejo de Talamanca ist dieses Schicksal bislang erspart geblieben. Es vibriert vor Lebensfreude und steckt damit diejenigen an, die auf der Suche nach einer großartigen Welle, dem Sinn des Lebens, einem kleinen Abenteuer oder einfach ein paar entspannten Urlaubstagen sind.

**Entspannt geht es zu auf den Straßen, in den Cafés und am Strand von Puerto Viejo de Talamanca.**

### NIGHTLIFE AN DER KARIBIKKÜSTE

Das entspannte Ambiente der Karibikküste begegnet einem in nahezu jeder Stadt an der Küste. Doch neben all dem Reggae und den Hängematten wissen die Caribeños in Costa Rica auch ordentlich zu feiern. Am Strand reiht sich eine Bar an die andere, an jeder Ecke findet man Streetfood und Cocktails aus frischen Zutaten ...

#### Cahuíta
Für junge Leute ist die Coco's Bar freitags abends ein idealer Anlaufpunkt, um zu tanzen und zu feiern. Unter der Woche ist die Altersmischung etwas ausgeprägter, laut und lustig ist es immer.
Direkt gegenüber liegt Ricky's Bar, ebenfalls gut besucht, mit Happy Hour. Sonntags treffen sich vor allem Einheimische in Maritza's Bar, machen Hausmusik und die Stimmung ist großartig.
Jonny's Place hat sich phönixgleich verwandelt, aus einer wilden Partylocation ist ein nobles Restaurant geworden, es wird zwar manchmal noch gefeiert, aber eher gemäßigt.

#### Puerto Viejo
Im Koki Beach, eine Öko-Bar, die gleichzeitig eine Lounge und ein Restaurant ist, kann man es zu jeder Tageszeit aushalten, doch abends ist am meisten los.
Ein Muss für alle Feierlustigen ist The Lazy Mon at Stanford's.
Reggae-Partys gibt's regelmäßig im Salsa Brava am Strand.

# ÜBERSICHTS-KARTEN

Costa Rica besitzt eine Fläche von rund 51 100 Quadratkilometern, zählt etwa 4,9 Millionen Einwohner und ist eines der fortschrittlichsten Länder Mittelamerikas. Im Norden rahmt es das Karibische Meer ein, im Süden der Pazifik, begrenzt wird es einerseits von Nicaragua, andererseits von Panama. Nahezu 30 Prozent der Gesamtfläche stehen durch über 150 Naturreservate und Nationalparks unter Schutz. In kaum einem anderen Land gibt es eine so ursprüngliche und vielfältige Tier- und Pflanzenwelt wie hier. Über 3000 Meter hohe Berge, aktive Vulkane, Naturstrände, Regenwälder und entspannte Kleinstädte ziehen Besucher aus der ganzen Welt an.

Die Übersichtskarten auf den nachfolgenden Seiten sind an den Buchkapiteln orientiert und entsprechend nummeriert. Die vorgestellten Sehenswürdigkeiten werden grafisch besonders hervorgehoben und mit einer Legende erläutert. Darüber hinaus sind weitere Highlights und Freizeitziele sowie das Verkehrsnetz gekennzeichnet.

**Dieser Wanderweg im Regenwald ist Teil des Místico Arenal Hanging Bridges Park im Arenal-Nationalpark.**

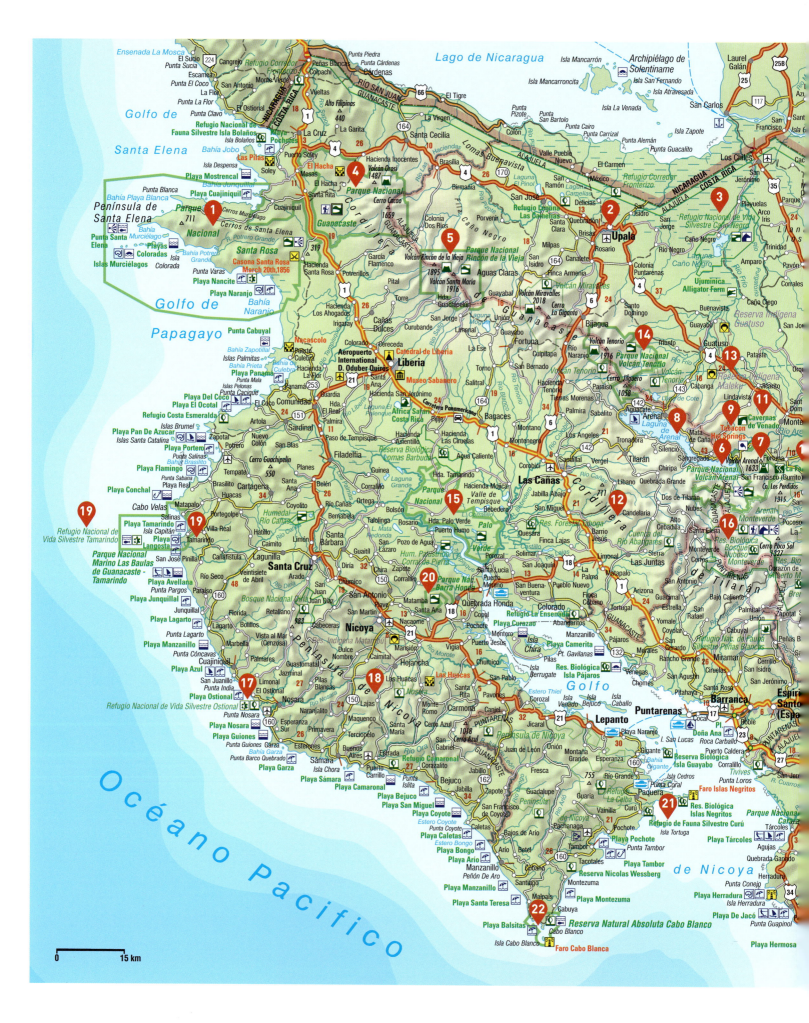

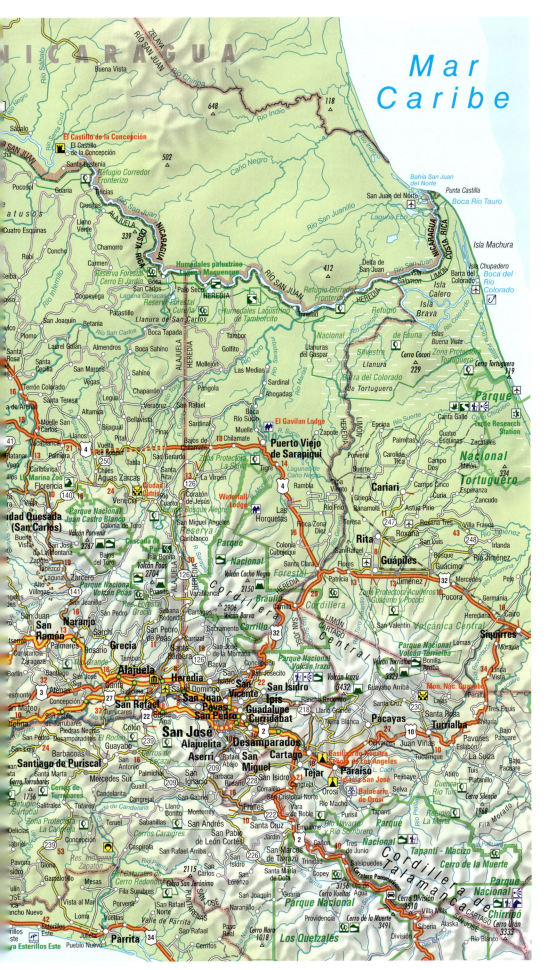

# NORDWESTEN, NÖRDLICHES HOCHLAND & NICOYA-HALBINSEL

1. **Parque Nacional Santa Rosa**
2. **Upala**
3. **Refugio Nacional de Vida Silvestre Caño Negro**
4. **Parque Nacional Guanacaste**
5. **Parque Nacional Rincón de la Vieja**
6. **Parque Nacional Arenal**
7. **Parque Nacional Arenal: Volcán Arenal**
8. **Parque Nacional Arenal: Laguna de Arenal**
9. **Parque Nacional Arenal: Tabacón Hot Springs und Resort**
10. **La-Fortuna-Wasserfall**
11. **Cavernas de Venado**
12. **Cordillera de Tilarán**
13. **Reserva Indígena Maleku**
14. **Parque Nacional Volcán Tenorio**
15. **Parque Nacional Palo Verde**
16. **Reserva Biológica Bosque Nuboso Monteverde**
17. **Refugio de Vida Silvestre Ostional**
18. **Península de Nicoya**
19. **Península de Nicoya: Tamarindo & Ref. Nac. de Vida Silvestre Tamarindo**
20. **Península de Nicoya: Parque Nacional Barra Honda**
21. **Península de Nicoya: Ref. Nac. de Fauna Silvestre Curú**
22. **Península de Nicoya: Reserva Nacional Absoluta Cabo Blanco**

# PAZIFIKKÜSTE & SÜDEN

1. Parque Nacional Carara
2. Puntarenas
3. Quepos
4. Parque Nacional Manuel Antonio
5. Dominical
6. Parque Nacional los Quetzales
7. Parque Nacional Marino Bellena
8. Palmar Sur
9. Península de Osa: Bahía Drake
10. Península de Osa
11. Península de Osa: Parque Nacional Corcovado
12. Reserva Biológica Isla del Caño
13. Golfo Dulce
14. Parque Nacional Piedras Blancas
15. San Vito
16. Isla del Coco

# ZENTRUM & SÜDLICHES HOCHLAND

1. Naranjo de Alajuela
2. Grecia
3. Alajuela
4. Sarchí
5. San José
6. San José: Teatro Nacional
7. San José: Mercado Central
8. San José: Catedral Metropolitana
9. Parque Nacional Braulio Carillo
10. Zarcero
11. Catarata de la Paz
12. Parque Nacional Volcán Poás
13. Parque Nacional Juan Castro Blanco
14. Parque Nacional Volcán Irazú
15. Volcán Turrialba
16. Monumento Nacional Arqueológico Guayabo
17. Cartago
18. Cartago: Basílica de Nuestra Señora de los Ángeles
19. Parque Nacional Tapantí
20. Río Pacuare & Pacuare Lodge
21. Parque Nacional Chirripó & Cerro Chirripó
22. Cordillera de Talamanca
23. Parque Nacional La Amistad

# KARIBIKKÜSTE

1. Parque Nacional Tortuguero
2. Playa Cahuíta
3. Playa Punta Uva
4. Puerto Limón
5. Parque Nacional Cahuíta
6. Refugio Nacional de Vida Silvestre Gandoca-Manzanillo
7. Puerto Viejo de Talamanca

## Register

**A**
Alajuela 106
Amistad, Parque Nacional 158
Arenal
  Laguna de 31
  Parque Nacional 28ff.
  Volcán 28, 30

**B**
Bahía Drake 84
Barra Honda, Parque Nacional 57
Boruca 82
Braulio Carillo, Parque Nacional 124
Bungee Jumping 51

**C**
Cabo Blanco, Reserva Nacional Absoluta 64
Cahuíta
  Nightlife 179
  Parque Nacional 174
Caño Negro, Refugio Nacional de Vida
  Silvestre 17
Canopy 38, 50
Canyoning 51
Carara, Parque Nacional 68
Cartago 142
  Nuestra Señora de los Ángeles 144
Cavernas de Venado 39
Cerro Chato, Volcán 26
Cerro Chirripó 154
Corcovado, Parque Nacional 86, 90
Cordillera de Talamanca 156
Cordillera de Tilarán 40
Curú, Refugio de Fauna Silvestre 63

**D**
Dominical 60, 76

**E**
Eco Lodges s. Öko-Lodges

**F**
Faultiere 18, 174
Fauna 112
Fiesta de los Diablitos 82
Flora 111
Frösche 36

**G**
Gandoca-Manzanillo, Refugio Nacional 176
Golfo Dulce 94
Grecia 106
Guanacaste, Parque Nacional 20
Guayabo, Monumento Nacional 140
Guaymí 98

**H**
Heiße Quellen 23, 26, 30, 34, 127
Höhlen 39, 57

**I**
Irazú, Parque Nacional/Volcán 138, 142
Isla del Caño, Reserva Biológica 92, 100
Isla del Coco 102
Islas Santa Catalina 100

**J**
Juan Castro Blanco, Parque Nacional 134

**K**
Kaffee 147, 170
Kaffeplantagen
  Café Britt 147
  Doka Estate 147
  Finca Rosa Blanca 147
  San Vito 98
Kakao 16, 172
Kakao-Pfade 173
Karibikküste 160ff.
Kayaking 95, 150, 152, 169
Kokosinsel s. Isla del Coco

**L**
Lankester, Jardín Botánico 143
Las Cruces Biological Station 99

**M**
Manuel Antonio, Parque Nacional 72
Marino Ballena, Parque Nacional 80
Miravalles, Volcán 26
Monteverde
  Butterfly Gardens 47
  Orchid Garden 47
  Reserva Biológica Bosque Nuboso 46, 147

**N**
Naranjo de Alajuela 106
Nicoya
  Golfo de 70
  Península de 54ff.
Nightlife, Karibikküste 170, 179

**O**
Ochsenkarren 108
Öko-Lodges 84, 126, 130
  Blue River Resort 127
  Hotel Hacienda Guachipelín 23
  El Silencio Lodge 127
  Lapa Ríos Rainforest Lodge 127
  Luna Lodge 127
  Pacuare Lodge 151
  Pura Vida Resort 127
Osa, Península de 84ff.
Ostional, Refugio Nacional de Vida
  Silvestre 53

**P**
Palmar Sur 84
Palo Verde, Parque Nacional 45
Pazifikküste 66ff.
Piedras Blancas, Parque Nacional 96
Playa
  Avellana 60
  Cahuíta 168, 169
  Carrillo 12
  Chiquita 169

Cocles 169
del Coco 12
Conchal 12
Flamingo 13
Guiones 60
Hermosa 13
Manzanillo 169
Naranjo 12, 60
Pan de Azúcar 12
Papagayo 13
Puerto Viejo de Talamanca 169
Punta Uva 169
Sámara 12
Santa Teresa 60
Poás
  Parque Nacional 133
  Volcán 104
Puerto Limón 170
Puerto Viejo 60
Puerto Viejo de Talamanca 178
Puntarenas 70

## Q
Quepos 71
Quetzales, Parque Nacional 79

## R
Rafting 150, 152
Reserva Indígena Maleku 41
Restaurants 75
Rincón de la Vieja
  Parque Nacional 22
  Volcán 20, 23
Río Celeste 38, 42
Río Naranjo 153
Río Pacuare 150ff.
Río Sarapiquí 153
Río Savegre 153
Río Tárcoles 69
Río Tenorio 153

## S
San José 114ff.
  Catedral Metropolitana 121
  Mercado Central 119
  Museen 123
  Museo de Arte y Diseño Contemporáneo 122
  Museo del Jade Marco Fidel Tristán Castro 122
  Museo del Oro Precolombino 122
  Museo Nacional de Costa Rica 122
  Spirogyra Butterfly Garden 113
  Teatro Nacional 115
San Vito 98
Santa Rosa, Parque Nacional 10
Sarchí 107
Schildkröten 53, 163, 166
Schnorcheln 12, 81, 92, 100, 169
Sky Walks 50
Sphären (Steine) 84, 123
Strände 12, 169; s. Playa
Surfen 12, 31, 54, 60, 76, 100, 169, 178

## T
Tabacón Hot Springs 34
Tamarindo, Refugio Nacional de Vida Silvestre 56, 100
Tapantí, Parque Nacional 149
Tauchen 12, 54, 56, 92, 100
Tenorio
  Parque Nacional 42
  Volcán 26, 41
Tortuguero, Parque Nacional 163
Traditionelle Gerichte 74
Turrialba, Volcán 139

## U
Upala 16

## V
Veragua Rainforest Park 171
Vulkane 20, 23, 26, 28, 30, 42, 104, 133, 138, 139

## W
Walbeobachtung 80, 81
Wandern
  Cabo Blanco 64
  Catarata de la Paz 130
  Cerro Chirripó 154
  Corcovado-Nationalpark 33
  Cordillera de Tilarán 40
  Dschungelwanderungen 32
  Gandoca-Manzanillo 176
  Los Ángeles Cloud Forest Reserve 128
  Monteverde 33
  Tapantí 149
  Toro-Wasserfall 135
  Vulkanwanderungen 22, 23, 27, 28, 30, 42, 139
Wasserfälle
  Catarata de la Paz 130
  La Fortuna 38
  Nauyaca 77
  Toro 135
Wellness
  Arenal Kioro Suites & Spa 35
  Nayara Resort 35
  Tabacón Hot Springs 34, 35
  The Springs Resort & Spa 35
Wilson Botanical Garden 99

## Z
Zarcero 128
Zipline-Tour 51

## Bildnachweis/Impressum

Abkürzungen
C = Corbis
G = Getty
M = Mauritius Images

Cover: G/Michael Fairchild
S. 2/3 M/Konrad Wothe, S. 4/5 M/Michael & Patricia Fogden, S. 6/7 G/Simon Dannhauer, S. 8/9 G/OGphoto, S. 10 M/Alamy, S. 10 M/Dieter Herrmann, S. 10 G/wellsie82, S. 10 G/Kevin Schafer, S. 10 M/Alamy, S. 10/11 G/OGphoto, S. 12 G/Brandon Rosenblum, S. 12 G/Kryssia Campos, S. 12 M/Alamy, S. 12 M/Alamy, S. 12 G/Kryssia Campos, S. 12 G/James R.D. Scott, S. 12 G/James R.D. Scott, S. 13 M/Alamy, S. 13 M/Alamy, S. 14/15 G/SL_Photography, S. 16 M/Alamy, S. 16 G/Wolfgang Kaehler, S. 16 M/Ivan Kuzmin, S. 16 G/Kryssia Campos, S. 17 M/Alamy, S. 17 M/Reiner Harscher, S. 17 M/Ivan Kuzmin, S. 17 M/Ivan Kuzmin, S. 18 G/Juan Carlos Vindas, S. 18 G/Thomas Marent, S. 19 G/Suzi Eszterhas, S. 20 M/United Archives, S. 21 C/Michael & Patricia Fogden, S. 21 C/Michael & Patricia Fogden, S. 21 C/Frans Lanting, S. 20/21 C/Konrad Wothe, S. 21 C/Michael & Patricia Fogden, S. 21 M/Adam Jones, S. 22 M/Alvaro Leiva, S. 22 M/Stefan Sassenrath, S. 22 M/Manfred Bail, S. 23 Look/robertharding, S. 22/23 Look/age fotostock, S. 24/25 G/Stefan Huwiler, S. 26 Look/Hemis, S. 26/27 G/Kryssia Campos, S. 26/27 G/Kryssia Campos, S. 27 M/Alamy, S. 28 G/Christer Fredriksson, S. 29 M/Stefan Huwiler, S. 28/29 G/Jordi Cami, S. 29 M/age fotostock, S. 29 M/Jaynes Gallery, S. 29 M/Marco Simoni, S. 30 G/Reimar Gaertner, S. 30 G/Matteo Colombo, S. 31 G/Stig Stockholm Pedersen, S. 31 Look/age fotostock, S. 32 G/Layne Kennedy, S. 32 G/Layne Kennedy, S. 32 M/Martin Siepmann, S. 32 G/Matteo Colombo, S. 33 G/Kryssia Campos, S. 33 M/Alamy, S. 34 M/Alamy, S. 34 Look/Franz Marc Frei, S. 34 G/Nick Ledger, S. 34/35 G/Nick Ledger, S. 35 G/Alex Robinson, S. 36 G/ZSSD, S. 37 C/Thomas Marent, S. 37 G/Tim Fitzharris, S. 36/37 G/Piotr Naskrecki, S. 37 C/Tim Fitzharris, S. 37 C/George Grall, S. 37 C/George Grall, S. 38 G/Johann Oswald - was-fuers-auge, S. 38/39 G/Jean-Pierre Lescourret, S. 39 M/Alamy, S. 40 G/Jean-Pierre Lescourret, S. 40 M/Alamy, S. 41 M/Alamy, S. 41 M/Alamy, S. 42 M/Matteo Colombo, S. 42 M/Thierry Montford, S. 42 M/Alamy, S. 42 M/Alamy, S. 42 M/Alamy, S. 42 M/Stefan Huwiler, S. 42 G/James R.D. Scott, S. 42/43 G/Gonzalo Azumendi, S. 44 G/Gonzalo Azumendi, S. 45 M/Alamy, S. 45 G/Mayela Lopez, S. 45 G/Marek Stefunko, S. 45 G/Mayela Lopez, S. 45 G/Mayela Lopez, S. 45 G/Mayela Lopez, S. 45 G/Mayela Lopez, S. 46 G/Mike Lanzetta, S. 46 M/Alamy, S. 47 M/Alamy, S. 47 M/Alamy, S. 47 M/Jaynes Gallery, S. 47 M/Michael & Patricia Fogden, S. 47 M/Alamy, S. 47 M/Michael & Patricia Fogden, S. 47 M/Alamy, S. 47 M/Jaynes Gallery, S. 48/49 M/Matteo Colombo, S. 50 M/Alamy, S. 50 G/SimonDannhauer, S. 50 G/SimonDannhauer, S. 50 G/Cameris, S. 51 Look/age fotostock, S. 51 G/Jean-Pierre Lescourret, S. 52/53 G/Ingo Arndt, S. 53 G/Ingo Arndt, S. 54 G/Alex Robinson, S. 54/55 G/JTB Photo, S. 56 M/Alamy, S. 56 Look/robertharding, S. 56 M/Alamy, S. 57 M/Alamy, S. 57 M/Alamy, S. 57 M/Alamy, S. 58/59 G/Nick Pedersen, S. 60/61 M/Alamy, S. 61 M/Alamy, S. 60/61 G/Christian Aslund, S. 62/63 Look/Holger Leue, S. 63 G/Carlos José Pache, S. 63 Look/Thomas Stankiewicz, S. 63 Look/age fotostock, S. 63 M/Rob Francis, S. 64 M/Alamy, S. 64 G/Kevin Schafer, S. 65 M/Florian Bärschneider, S. 65 M/Alamy, S. 66/67 Look/Holger Leue, S. 68 M/Alamy, S. 68 M/Alamy, S. 68 M/Alamy, S. 68 M/Alamy, S. 69 G/Javier Fernández Sánchez, S. 68/69 M/Alamy, S. 70 M/Alamy, S. 70 M/Alamy, S. 70 Look/Holger Leue, S. 71 M/Alamy, S. 71 M/Alamy, S. 71 M/Alamy, S. 72 G/Johann Oswald - was-fuers-auge, S. 72 G/Christer Fredriksson, S. 72 G/Javier Fernández Sánchez, S. 72 M/Martin Demmel, S. 73 G/Atlantide Phototravel, S. 74 G/DavorLovincic, S. 74/75 G/Wolfgang Kaehler, S. 74/75 M/Alamy, S. 76 G/Ty Allison, S. 76/77 Look/age fotostock, S. 77 G/OGphoto, S. 76/77 G/repistu, S. 78 G/Konrad Wothe, S. 79 G/George Grall, S. 79 M/Juan Carlos Munoz, S. 79 M/Steffen Wächter, S. 79 M/Steffen Wächter, S. 79 M/Steffen Wächter, S. 79 M/Steffen Wächter, S. 80 M/Alamy, S. 80 M/Alamy, S. 81 M/Alamy, S. 81 G/Cyrielle Beaubois, S. 81 M/Alberto Carrera, S. 81 G/George Grall, S. 82 G/Dan Kitwood, S. 82/83 G/Dan Kitwood, S. 84 M/Alamy, S. 84 M/Sergio Pitamitz, S. 84/85 G/Matteo Colombo, S. 86 Look/age fotostock, S. 86 M/Alamy, S. 86/87 Look/age fotostock, S. 87 Look/age fotostock, S. 87 Look/age fotostock, S. 87 Look/Minden Pictures, S. 87 Look/robertharding, S. 88 M/Alamy, S. 90/91 G/Mary Ann McDonald, S. 90/91 G/Sean Crane, S. 90/91 C/Lizzie Shepherd, S. 92 M/Alamy, S. 92/93 M/Alamy, S. 94 G/Juan Carlos Munoz, S. 94 G/Jonathan Kingston, S. 94 G/George Grall, S. 94 Look/Holger Leue, S. 95 G/Jonathan Kingston, S. 95 G/Juan Carlos Muoz, S. 96 M/Alamy, S. 96/97 M/Thomas Marent, S. 98 M/Alamy, S. 99 M/Alamy, S. 98/99 M/Alamy, S. 100 G/by wildestanimal, S. 100/101 G/Reinhard Dirscherl, S. 101 G/Flip Nicklin, S. 101 G/Jeff Rotman, S. 101 G/Jeff Rotman, S. 101 G/WIN-Initiative, S. 102 G/Harald Slauschek, S. 102 G/Ben Horton, S. 103 G/Franco Banfi, S. 103 G/Mark Conlin, S. 104/105 G/Kryssia Campos, S. 106 G/Kryssia Campos, S. 106 M/David Frazier, S. 106 M/Alamy, S. 107 M/Alamy, S. 107 M/Bill Bachmann, S. 108 M/Mark Newman, S. 108 M/Heiner Heine, S. 108 G/S. Gutierrez, S. 108 G/C. Dani & I. Jeske, S. 108 G/C. Dani & I. Jeske, S. 108 G/Jan Butchofsky, S. 108/109 G/R H Productions, S. 110 G/Dorit Bar-Zakay, S. 110 G/Layne Kennedy, S. 110 M/Alamy, S. 110 M/Alamy, S. 110 G/David González Rebollo, S. 110 G/Wolfgang Kaehler, S. 111 G/Kryssia Campos, S. 111 G/Kryssia Campos, S. 111 G/Kryssia Campos, S. 111 M/nadiasphoto, S. 112 G/Matteo Colombo, S. 112 G/Marek Stefunko, S. 112 G/Juan Carlos Vindas, S. 112 M/Michael & Patricia Fogden, S. 112 M/Alamy, S. 112 G/Juan Carlos Vindas, S. 112 G/Christopher Jimenez Nature Photo, S. 113 M/Alamy, S. 113 M/Paul Souders, S. 113 G/Yuri Cortez, S. 114 Look/Hemis, S. 115 M/Richard Cummins, S. 114/115 M/Christian Heeb, S. 116/117 M/Matthew D White, S. 118/119 G/Alfonse Pagano, S. 119 G/Shannon Faulk, S. 119 G/Alfonse Pagano, S. 119 G/Shannon Faulk, S. 120 G/E_Rojas, S. 121 M/John Coletti, S. 121 M/Alamy, S. 122/123 G/Yuri Cortez, S. 122/123 G/E_Rojas, S. 123 Look/age fotostock, S. 123 Look/Hemis, S. 124 G/Konrad Wothe, S. 125 C/Thomas Marent, S. 125 C/George Grall, S. 125 C/John Cancalosi, S. 125 C/Joe McDonald, S. 124/125 M/Peter Schickert, S. 125 G/Thomas Marent, S. 126 G/Brian Bailey, S. 127 M/Alamy, S. 126/127 M/Alamy, S. 128 M/Alamy, S. 128/129 M/Alamy, S. 130 Look/Konrad Wothe, S. 130/131 Look/Minden Pictures, S. 132 G/Gregory Basco, S. 133 G/Natali22206, S. 133 G/Anthony Dezenzio, S. 133 G/Natali22206, S. 133 M/Alamy, S. 133 G/Kris Dundas, S. 133 G/Natali22206, S. 134 M/Oliver Gerhard, S. 134 M/John Coletti, S. 135 M/Oliver Gerhard, S. 135 M/Matteo Colombo, S. 136/137 G/Kryssia Campos, S. 138 Look/Juergen Richter, S. 138 M/Martin Siepmann, S. 139 M/Alamy, S. 139 M/Alamy, S. 140 G/Christopher P. Baker, S. 140/141 G/John Coletti, S. 142 M/Steffen Wächter, S. 142/143 M/Christian Heeb, S. 143 M/Alamy, S. 144 M/Steffen Wächter, S. 144 G/John Coletti, S. 145 M/Stefan Huwiler, S. 145 M/Alamy, S. 145 M/Alamy, S. 146 G/Atlantide Phototravel, S. 146 G/Atlantide Phototravel, S. 147 M/Alamy, S. 147 M/Alamy, S. 147 G/Inga Spence, S. 147 G/John Coletti, S. 147 G/Panoramic Images, S. 147 G/Atlantide Phototravel, S. 147 M/Alamy, S. 147 M/Alamy, S. 148/149 Look/Konrad Wothe, S. 149 Look/Konrad Wothe, S. 149 M/Alamy, S. 149 M/Alamy, S. 149 M/Alamy, S. 149 M/Alamy, S. 149 M/Alamy, S. 150/151 M/Alamy, S. 150/151 M/Alamy, S. 150 M/Alamy, S. 151 M/Alamy, S. 152 M/Alamy, S. 152 M/Alamy, S. 153 M/Alamy, S. 153 M/Alamy, S. 153 M/Alamy, S. 154 G/Jarib, S. 154/155 G/Thomas Marent, S. 156 G/George Grall, S. 156 M/Konrad Wothe, S. 157 G/Ignacio Yufera, S. 157 G/Roy Toft, S. 158 G/Roy Toft, S. 158 G/Roy Toft, S. 158 G/Roy Toft, S. 158 M/Kevin Schafer, S. 158 G/Roy Toft, S. 158/159 G/Alfredo Maiquez, S. 159 G/Thomas Chamberlin, S. 159 G/Roy Toft, S. 160/161 G/Simon Dannhauer, S. 162 G/stellalevi, S. 163 M/Alamy, S. 163 M/Alamy, S. 163 M/Alamy, S. 163 M/Alamy, S. 163 G/Francesco Riccardo Iacomino, S. 163 M/Bernd Bieder, S. 163 G/Kryssia Campos, S. 164/165 M/Thomas Marent, S. 166 M/Matthias Graben, S. 166 G/jarnogz, S. 167 G/Panoramic Images, S. 167 G/Panoramic Images, S. 168/169 G/Simon Dannhauer, S. 168/169 G/Simon Dannhauer, S. 168 M/Stefan Dummermuth, S. 169 M/Franck Chaput, S. 170 G/John Coletti, S. 171 G/Holger Leue, S. 170/171 G/Rainer Lesniewski, S. 172 G/John Coletti, S. 172 G/John Coletti, S. 172 G/Aldo Pavan, S. 172/173 G/John Coletti, S. 172/173 G/barbaraaaa, S. 174 C/Thomas Marent,, S. 174/175 C/Thomas Marent, S. 176 G/Margie Politzer, S. 176 G/Matthew Micah Wright, S. 176/177 G/SimonDannhauer, S. 178 M/Alamy, S. 178/179 M/Michael Zegers, S. 178/179 M/Jutta Ulmer, S. 180/181 M/Sonja Jordan

© 2018 Kunth Verlag GmbH & Co. KG, München
St.-Cajetan-Straße 41
81669 München
Telefon +49.89.45 80 20-0
Fax +49.89.45 80 20-21
www.kunth-verlag.de
info@kunth-verlag.de

Text: Dr. Anja Kauppert, Andrea Lammert
Redaktion: Kerstin Majewski

Printed in the EU

Alle Rechte vorbehalten. Reproduktionen, Speicherung in Datenverarbeitungsanlagen, Wiedergabe auf elektronischen, fotomechanischen oder ähnlichen Wegen nur mit der ausdrücklichen Genehmigung des Copyrightinhabers.

Alle Fakten wurden nach bestem Wissen und Gewissen mit der größtmöglichen Sorgfalt recherchiert. Redaktion und Verlag können jedoch für die absolute Richtigkeit und Vollständigkeit der Angaben keine Gewähr leisten. Der Verlag ist für alle Hinweise und Verbesserungsvorschläge jederzeit dankbar.